Raúl Calvo Soler

LA NEGOCIACIÓN CON ETA

Colección
Libertad y Cambio

**Editorial Gedisa ofrece
los siguientes títulos de interés**

JONATHAN HAIDT — **La hipótesis de la felicidad**
La búsqueda de verdades modernas en la sabiduría antigua

JOHN HORGAN — **Psicología del terrorismo**
Cómo y por qué alguien se convierte en terrorista

XAVIER ZABALTZA — **Una historia de las lenguas y los nacionalismos**

JOHN MAEDA — **Las leyes de la simplicidad**
Diseño, tecnología, negocios, vida

MANUEL HIDALGO — **El Cid**
Mátalo tú (el amor)

STEPHANIE COONTZ — **Historia del matrimonio**
Cómo el amor convirtió el matrimonio

GRAIG HOVEY — **La estrategia de la cucaracha**

ANA VÁSQUEZ-BROFMANN — **Amor y sexualidad en las personas mayores**
Transgresiones y secretos

JOOST SMIERS — **Un mundo sin copyright**
Artes y medios en la globalización

FRANCESCO ALBERONI — **Sexo y amor**

LA NEGOCIACIÓN CON ETA

Entre la confusión y los prejuicios

Raúl Calvo Soler

Prólogo de
Federico Mayor Zaragoza

© Raúl Calvo Soler, 2006

Diseño de cubierta: Roberto Suárez

Primera edición: noviembre de 2006, Barcelona

Reservados todos los derechos de esta versión castellana de la obra

© Editorial Gedisa, S. A.,
Paseo Bonanova, 9 1º 1ª
08022 Barcelona, España
Tel. 93 253 09 04
Fax 93 253 09 05
correo electrónico: gedisa@gedisa.com
http:www.gedisa.com

ISBN: 84-9784-187-5
Depósito legal: B. 48829-2006

Impreso por: Romanyà/Valls
Verdaguer 1 - 08786 - Capellades (Barcelona)

Impreso en España
Printed in Spain

Queda prohibida la reproducción total o parcial por cualquier medio de impresión en forma idéntica, extractada o modificada de esta versión castellana de la obra.

Índice

PRÓLOGO, Federico Mayor Zaragoza 9
INTRODUCCIÓN 15

1. Una propuesta conceptual: ir a negociar, ir a dialogar e ir a comprobar 23
   Ir a negociar 26
   Ir a dialogar 32
   Ir a comprobar 37

Notas 40

2. Métodos, instrumentos y modos: los prejuicios contra la negociación 43
   La confusión entre métodos y modos: el prejuicio contra la negociación por exceso 47
   La confusión entre métodos e instrumentos: el prejuicio contra la negociación por defecto 59

Notas 72

3. **Confusiones y prejuicios: consecuencias prácticas** 75
   A favor del diálogo y la superación de la ambigüedad 77
   Dialogar y negociar: el problema de la coherencia 79
   La reconstrucción influenciada de los instrumentos 83
   Una mesa para dos métodos 86
   ¿Cuándo comienza todo? 90

Notas 92

4. **Un proceso de negociación: tácticas y contratácticas** 95
   Lo no negociable 99
   El jarro de agua fría 104
   El paraíso 106
   Divide y vencerás 108
   La mala fama 118
   El frente ruso 124

Notas 129

5. **Conclusiones finales** 131

Prólogo

Federico Mayor Zaragoza
　　　«Hablando se entiende la gente.»

Este oportuno libro pone de relieve la conveniencia de no iniciar procesos para la resolución de conflictos sin un detenido análisis y estudio previos. Si bien «hablando se entiende la gente», es preciso que los interlocutores conozcan los mismos significados de los términos que van a jalonar sus encuentros, así como las acepciones de «comprobar», «dialogar» o «negociar» y los métodos e instrumentos que deberán emplearse. Gracias al rigor con que Raúl Calvo Soler expone los argumentos preliminares de las diversas partes implicadas en el proceso negociador y la forma de proceder en los compromisos que vayan alcanzándose, útiles sin duda para obviar los riesgos que pueden surgir «cuando se procede a iniciar un proceso de esta naturaleza sin un análisis previo acerca de sus características, de cada método y de cada etapa», la lectura de *La negociación con ETA* proporciona una base sólida para emprender el largo y complejo camino hacia una paz deseable.

Ciertamente, es esencial diseñar los diversos escenarios discursivos posibles para un adecuado seguimiento de cada tramo y de las expectativas de los mismos, evitando improvisaciones en la medida de lo posible. Me gusta repetir, nacido cerca del mar, el refrán marinero según el cual «nunca hay buen viento para quienes no saben a dónde van». Sobre todo cuando se presumen borrascas y aguas agitadas, es particularmente imprescindible saber muy bien hacia dónde nos dirigimos.

Sé por experiencia que estos rumbos deben estar guiados, para poder sortear los múltiples obstáculos que presentan, por dos grandes puntos de referencia: el recuerdo de las víctimas y el futuro de los hijos de *todos*.

Ningún argumento es desechable. Lo inaceptable es que su defensa se base en la fuerza, la extorsión y, sobre todo, en la violencia extrema. Ha llegado el momento de erradicar la violencia ejercida para el logro de cualquier objetivo, sea cual sea éste. Y ello exige transformaciones de cuyo hondo calado todos somos conscientes.

Raúl Calvo Soler analiza detalladamente los diferentes elementos que conforman un proceso de resolución de conflicto, con sus límites y restricciones, incluidos aquellos términos aparentemente excluyentes pero que admiten una alternativa que permite claramente evitar otra peor. *La negociación con ETA* es por tanto un estudio pormenorizado y muy acertado de lo que significan *diálogo* y *negociación*. Pienso que en este proceso de paz hoy apenas abierto es imprescindible disponer de una claridad conceptual que evite prejuicios y confusiones, y en este sentido el autor expone con detalle las condiciones en que debe desarrollarse aquél, así como los diversos métodos y modos para resolver conflictos.

La disparidad de razones y la urgencia de resolver un conflicto no deben ser cortapisa para que las múltiples dimensiones del diálogo y de la argumentación que éste conlleva se desarrollen «sin prisa pero sin pausa». El apremio no puede implicar concesiones que probablemente resulten innecesarias en un proceso que se prevé arduo y de larga duración.

«En la negociación las propuestas intermedias surgen generalmente de la inclusión de elementos nuevos en las alternativas». Persuadir, disuadir, mediación, arbitraje... «Cuando se piensa en el diálogo como un método se hace referencia a un proceso configurado a partir de una sucesión de etapas que conducirá, bajo ciertos presupuestos y compromisos, a la concreción de acuerdos que resolverían el conflicto.» Por otro lado, «tiene pleno sentido reclamar en el proceso de negociación el uso de razones o argumentos que sustenten las pretensiones de los negociadores; la negociación no excluye el uso de argumentos que respalden las pretensiones de los actores».

El objetivo permanente es alcanzar la resolución del conflicto, pero sabiendo muy bien cuáles son los espacios discursivos y dónde se sitúan las demarcaciones que los circundan. La expresión «proceso de diálogo» utilizada por el presidente del Gobierno español José Luis Rodríguez Zapatero es una forma aceptable no sólo para «completar» lo que se requiere como instrumento y método, sino también para eliminar las ambigüedades propias de la «conversación» o «diálogo» sin calificativos.

«Un diálogo –escribe Raúl Calvo Soler– comienza cuando los actores, asumidos los compromisos que este método implica, empiezan a expresar y defender sus posiciones y argumentos». Es imprescindible asegurarnos de que la solución del conflicto no se dificultará e incluso anulará por cuestiones de carácter metodológico o por una definición inadecuada de los «supuestos» que *deben preceder el inicio de un proceso de paz*, con sus distintas etapas.

Es conveniente que estos planteamientos sean conocidos por gobernantes, actores e interlocutores, partidos políticos, parlamentarios y público en general, porque sería imperdonable que, por desconocer las sutilezas de definiciones, ámbitos y procedimientos, pudiera descarrilar un proceso de paz que parece, esta vez, transcurrir por el buen camino. Cualquier acto o declaración puede tener un efecto desconcertante de efectos imprevisibles. Sabemos bien que las oportunidades –¡y a qué precio!– no se dan todos los días, y por ello debemos recordar una sabia máxima de Sófocles: «Cuando dejamos pasar los momentos cruciales es inútil correr después para alcanzarlos». No debemos perder estos momentos realmente importantes.

Raúl Calvo Soler es un gran experto en temas vinculados con la prevención, gestión y resolución de conflictos. Conoce en profundidad todos los entresijos de cómo proceder en éstos –ninguno exactamente igual, pero todos con aspectos comunes–, de tal modo que pueda establecerse, desde el inicio, un hilo conductor efectivo. En *La palabra bajo fuego*, el ex presidente de Colombia Andrés Pastrana refiere que, al preguntarle D. Fernando Henrique Cardosso, presidente a la sazón de Brasil, qué hacía en plena selva hablando con «Tirofijo», el jefe de las FARC, le contestó: «Por la paz hay que hacer lo que sea necesario». ¿Pero qué es lo «necesario»? ¿Cuáles son sus límites? Además de las exploraciones previas –los llamados «puntos de Mitchel» son orientadores al respecto–, es necesario ir construyendo los puentes y caminos por los que discurrirán ulteriormente los pasos del proceso. Y los viandantes deben saber bien de qué se trata antes de iniciar el camino.

Para este conocimiento, el libro que los lectores y lectoras tienen entre sus manos representa una excelente ayuda.

FEDERICO MAYOR ZARAGOZA
Octubre de 2006

Introducción

El 22 de marzo apareció en los diarios una noticia que sacudió a la opinión pública: ETA afirmaba en un comunicado que «Euskadi Ta Askatasuna ha decidido declarar un alto el fuego permanente a partir del 24 de marzo de 2006» (www.elpais.com, 22/3/2006).

Un día después, con un nuevo comunicado, ETA reafirma su voluntad de declarar un alto el fuego permanente y hace un llamamiento a las autoridades de España y Francia «para que respondan de manera positiva a esta nueva situación y para que no pongan obstáculos al proceso democrático, dejando de lado la represión y mostrando la voluntad de dar una salida negociada al conflicto» (www.elpais.com, 23/3/2006).

Estos dos hechos fueron el punto de partida de una importantísima espiral de declaraciones y contradeclaraciones. Durante los siguientes meses se sucedieron los intercambios, a través de los medios de comunicación, entre las diferentes partes que se sentían implicadas: partidos políticos, víctimas del terrorismo, instituciones públicas y privadas de diferente índole, periodistas, ciudadanos, organizaciones no gubernamentales, etcétera. Prácticamente todo aquel que tuvo la oportunidad expresó, con mayor o menor lujo de detalles, sus opiniones y sus razones. A favor o en contra, por el diálogo o por la negociación, por una solución acordada o por la aplicación de los métodos coactivos del Estado de derecho, por los que murieron o por los que podrían morir. No hubo posición o interés, para decirlo con los términos de los negociadores, que no tuviese un lugar en la disputa, ya fuese para defenderla o para criticarla.

En el mes de junio comienza a percibirse una reducción en el número y en la intensidad de las declaraciones en torno a esta disputa. Ya fuese por el inicio de las vacaciones, por cansancio o por la existencia de un pacto entre diferentes posturas, el intercambio de opiniones, consejos y amenazas fue poco a poco declinando. Las pocas informaciones que durante los meses de julio y agosto aparecieron parecían corroborar este escenario de intercambio sosegado que sólo se veía alterado de vez en cuando por alguna noticia que más bien apuntaba a la toma de posición de los actores para una futura o potencial mesa de resolución: «El 3 de julio pasado, Zapatero confirmaba, desde India, que ya había designado interlocutores y, con ello, daba a entender que el diálogo entre el Gobierno y ETA se iniciaría con prontitud. Pero las declaraciones de Batasuna, pidiendo la derogación de la Ley de Partidos y renunciando a iniciar el proceso de legalización arrojan algunas sombras sobre el proceso e inclinan a pensar que el diálogo se demora» (www.elpais.com, 12/7/2006).

Sin embargo, en el mes de septiembre comenzaron nuevamente las inquietantes declaraciones, que parecieron volver a colocarnos en una situación de ruptura de una efectiva o potencial mesa de solución del conflicto. Dos nuevos hechos parecían favorecer el reinicio del proceso de radicalización. Por un lado, el portavoz de la ilegalizada Batasuna, Pernando Barrena, advertía de que «el proceso de paz en el País Vasco está en crisis y en situación de bloqueo», culpando de ello a la actitud dilatoria del Gobierno y al mantenimiento de «maniobras represivas del Estado» (www.20minutos.es, 19/9/2006). Por el otro lado, la reaparición de la *kale borroka* en diferentes actos en las calles de las ciudades del País Vasco parecía presagiar el resurgimiento de la vía violenta como respuesta a la falta de constitución o avance del proceso de búsqueda de una solución acordada. No tardaron entonces en reaparecer declaraciones en un sentido o en otro que parecían presagiar un nuevo escenario de conflicto en este debate. Como en cualquier proceso de estas características, un solo movimiento, léase declaración, desencadena una sucesión de intercambios que aumentan paulatinamente de intensidad.

Lo más curioso de este «toma y daca comunicacional» es que, cuando uno observa lo que está siendo este proceso dialéctico, surgen una gran cantidad de dudas e interrogantes que parecen poner de manifiesto la existencia de un conjunto de confusiones y prejuicios por parte de aquellos que lideran el debate, con independencia de qué lugar ocupen o de qué posición defiendan. En general, esto no es una cuestión específica de la disputa en torno a ETA. Es común que en aquellos procesos para la resolución de un conflicto en el que ha habido muertos se generen dos tipos de dificultades que pueden obstaculizar su éxito. La primera es la confusión entre la discusión acerca de la viabilidad de un proceso de solución y la cuestión del calado moral que tiene este proceso. De esta manera, en el análisis acerca de su viabilidad se argumenta sobre la inmoralidad del proceso y viceversa. Aunque, en mi opinión, esta confusión entorpece la posibilidad de un debate útil para la búsqueda de respuestas, no me ocuparé aquí de analizar esta primera contrariedad.

La segunda dificultad suele llamar especialmente la atención de aquellos que nos dedicamos al estudio de la resolución de conflictos: el prejuicio contra cualquier propuesta que incluya una referencia a la *negociación* con un movimiento, grupo o partido político que ha defendido el uso de la violencia como un instrumento para la consecución de sus objetivos. En mi opinión, el fundamento de este prejuicio podría ser presentado en los siguientes términos: no es admisible la negociación con ETA porque *negociar* supone *conceder* y no cabe que el Estado de derecho haga concesiones a aquellos que asesinan y extorsionan.

No obstante, también es común en este tipo de intercambios que aquellos que admiten este rechazo, pero a la vez tienen la convicción de que es necesario establecer un proceso de paz con ETA o con cualquier otro grupo de similares características, suelan incorporar en su discurso un método de solución de conflictos distinto: el diálogo. Se dice entonces que la propuesta a ETA para avanzar hacia la solución del conflicto no es una negociación, sino un diálogo. Esta segunda metodología parece contar con una carga emotiva positiva ya que no exige compromiso alguno con la realización de concesiones.

Y es aquí donde comienza lo que parece ser una gran confusión entre los participantes del debate. Algunos hablan de dialogar y son criticados por pretender establecer una negociación con aquellos que asesinan. Otros mantienen la sutil distinción entre «ir a negociar» e «ir a comprobar» como una forma de explicar su posición actual. Para algunos la negociación es excesiva porque requiere indefectiblemente la concesión, mientras que para otros no es suficiente porque es un proceso básicamente coactivo. También están aquellos que defienden el diálogo pero a la vez exigen la ineludible exclusión de ciertos temas. Y los hay que incluso declaran su intención de negociar pero imponen tantas condiciones y prerrequisitos que no queda claro qué es lo que se discutirá en esa mesa de negociación. En resumen, existe una profusión de posiciones e intereses que parecen estar basados más en el aspecto emotivo de este debate que en un conjunto de distinciones conceptuales.

El objetivo de este libro es intentar aportar una propuesta conceptual que nos permita comprender qué implicaciones tienen las afirmaciones de aquellos que participan en el debate. ¿Qué supone proponer una negociación? ¿Y un diálogo? ¿Cabe alguna distinción entre negociar e ir a comprobar qué piensan? ¿Con qué se están comprometiendo los defensores de cada uno de estos métodos?

Por si esto fuera poco, junto a este conjunto de confusiones e indeterminaciones creo que es posible detectar en el debate dos tipos de prejuicios contra la negociación. El primero considera la negociación un método en el que sólo es posible conseguir acuerdos mediante la concesión. En este caso el problema es que no resulta aceptable la realización de concesiones (ventajas) a aquellos que han actuado fuera del Estado de derecho. El segundo prejuicio se sitúa en directa oposición al primero y ve en la negociación un método basado en la amenaza y en la coacción. Para aquellos que sustentan este segundo prejuicio el proceso negociador es excesivamente restrictivo y sus acuerdos resultan débiles y poco fundados al no estar respaldados por argumentos y razones.

En este libro intentaré mostrar que gran parte de estos prejuicios están vinculados con la carga emotiva negativa de la palabra «negociación». Pero que, a poco que logremos clarificar estos conceptos, es posible revisar estos prejuicios y el juicio genérico en virtud del cual es mejor, en el caso de ETA, dialogar que negociar.

Ahora bien, podría pensarse que en última instancia una propuesta conceptual como la que aquí presento no tiene trascendencia en relación con lo que realmente importa: la búsqueda de soluciones a esta situación. En mi opinión, no hay nada más alejado de la realidad: las confusiones conceptuales, al menos en lo que aquí interesa, pueden tener consecuencias importantes para la viabilidad de estos procesos. Como cada método, una vez definido, establece un conjunto de compromisos acerca de lo que debe hacerse técnicamente y de lo que cabe esperar que el otro haga, confundir el método puede generar la idea de que el otro actor está vulnerando dichos compromisos y, por tanto, rompiendo las reglas del juego. Piense en lo siguiente: cuando usted va a negociar espera que el otro negociador regatee su oferta en la mesa de negociación. Si lo que obtiene como respuesta es directamente una exigencia de pago de un determinado precio, probablemente llegará a la conclusión de que la negociación no se está produciendo. Por esta razón, consideraré algunas de las posibles consecuencias que pueden seguirse de estas confusiones y prejuicios.

Creo que el reclamo de claridad que subyace a la propuesta de este libro puede basarse en tres razones. En primer lugar, creo que la claridad conceptual irá en beneficio del debate al que asistimos. En segundo lugar, entiendo que la superación de los problemas que aquí plantearé hará más viable la obtención de resultados en el proceso. Y, finalmente, pienso que, en última instancia, aquellos participantes que están investidos con el mandato de la representación nos deben, al menos, un esfuerzo por lograr un nivel de claridad que nos permita comprender qué están haciendo en nuestro nombre.

La última parte del libro está dedicada a un ejercicio de imaginación. Supondré que los diferentes actores implicados tienen clara la pretensión de resolver este conflicto mediante la consecución de algún tipo de acuerdo. A partir de aquí presentaré lo que han sido sus movimientos y declaraciones en términos de las diferentes tácticas que ellos pueden usar para conseguir una mejor posición en el proceso. Intentaré mostrar entonces en qué medida este tipo de declaraciones encajan adecuadamente en la búsqueda de una solución acordada y de qué manera pueden dificultar dicho proceso.

Por último, quisiera resaltar que éste no es un libro que pretenda defender una posición en el difícil tema de la solución del conflicto con ETA. Mi intención es presentar una propuesta conceptual que pueda ser de utilidad tanto para aquellos que han de participar en este proceso como para los que lo observan con preocupación.

1

Una propuesta conceptual: ir a negociar, ir a dialogar e ir a comprobar

En mi opinión, hay dos razones para introducir un apartado conceptual en un tema como el que aquí me ocupa; por un lado, considero que un porcentaje elevado de los acuerdos y desacuerdos en torno a una posible mesa de negociación y/o diálogo está vinculado con el uso, no siempre preciso, de ciertos términos. No digo que todo el debate pueda ser reducido a un problema de falta de precisión, sino que una parte importante de éste, como intentaré mostrar en este libro, está directamente en relación con el uso opaco de ciertos conceptos. Aunque estas imprecisiones pueden muchas veces ser útiles en el debate político, son escollos en un análisis de tipo técnico.[1] Por el otro lado, en varias de las manifestaciones efectuadas por los participantes en estos debates parecen ponerse de manifiesto ciertas intuiciones que no están expresamente articuladas por los interlocutores. En este sentido, una propuesta de análisis conceptual quizás pueda ayudar a explicitar estas intuiciones y los matices que los distintos actores del conflicto parecen querer manifestar.

Los tres términos que consideraré son: «ir a negociar», «ir a dialogar» e «ir a comprobar qué proponen». Los tres han sido usados ampliamente en los debates por diferentes interlocutores y tienen implicaciones diversas en tanto que procesos de solución de conflictos. Con la intención de mostrar las diferencias entre los tres comenzaré por explicar el concepto de negociación para con posterioridad establecer la diferencia con los otros dos términos.

«IR A NEGOCIAR»

Artículo de opinión de Doro Balaguer: «La *única negociación efectiva* se produjo, con resultados positivos, cuando ETA político-militar dejó las armas y pasó a la política» (*El País*, Comunidad Valenciana, 21/6/2005).

En líneas generales podría decirse que las características que mayoritariamente los investigadores de este ámbito le atribuimos a la negociación son tres: *a*) es un método cuyo objetivo es la búsqueda de una solución para un conflicto; *b*) el contenido de esta solución está fundamentado en la coordinación de las voluntades y preferencias de los actores o interlocutores, y *c*) no hay ningún tercero que intervenga en el proceso, esto es, alguien que no sea un actor del conflicto. Reflexionemos someramente sobre cada una de ellas.

En primer lugar, en una negociación las partes implicadas tienen una *expectativa*, más o menos fundada, de que el proceso les conducirá a un escenario en el que podrán superar el conflicto. Por «conflicto» entenderé aquí una interacción entre diferentes actores de forma tal que *a*) cada uno de ellos depende de lo que el otro haga para conseguir sus objetivos, y *b*) cada uno de ellos percibe que sus objetivos son total o parcialmente incompatibles con los del otro. Por ejemplo, la relación entre un vendedor y un comprador puede ser definida como un conflicto en la medida que *a*) cada uno de ellos depende del otro para conseguir sus objetivos (el vendedor necesita al comprador para vender el objeto y el comprador necesita al vendedor para comprarlo), y *b*) cada uno de ellos percibe que sus objetivos son parcialmente incompatibles con los del otro (si el objetivo del vendedor es lograr el mayor precio posible y el del comprador es lograr adquirirlo por el precio más bajo posible, y aceptando que hay, al menos, un precio en el que los dos estarían de acuerdo, sus objetivos son sólo parcialmente incompatibles).

La relación entre ETA y, por ejemplo, el Gobierno también puede plantearse como una relación conflictiva en la medida en que se le asigne al primero el objetivo de lograr la independencia del País Vasco por cualquier medio y, al segundo, el de erradicar los métodos violentos para la consecución de objetivos políticos. Esta específica asignación de objetivos implica que su realización pasa ineludiblemente por lo que el otro haga. Por supuesto, la atribución de un objetivo o la aceptación de éste por parte de un actor del conflicto no es siempre una cuestión pacífica, y mucho menos en el asunto que aquí me ocupa. Por ejemplo, podría argumentarse que el objetivo del Gobierno es en realidad evitar la independencia del País Vasco o que, según ETA, ése es el objetivo del Ejecutivo español. En cualquier caso lo importante es que en la reconstrucción que hagamos de la situación conflictiva, o en la que hagan sus protagonistas, podamos identificar los dos elementos definitorios del conflicto antes mencionados. No me ocuparé aquí de discutir la asignación de objetivos a cada uno de los participantes en este debate, ya que creo que esto no dificulta el análisis que pretendo proponer. Sin embargo, algo diré posteriormente acerca de cuáles son las posiciones coherentes con la forma en que hay que buscar una solución al conflicto.

Sea como fuere la atribución de objetivos, la negociación es, en primer lugar, una expectativa que tienen los actores acerca de la posibilidad de superar la incompatibilidad que ellos perciben. Por supuesto, esta expectativa puede fallar y el proceso concluir sin que se haya modificado la incompatibilidad. En estos casos diremos que la negociación ha fracasado.

La modificación de una situación de conflicto y su transformación puede producirse de diferentes maneras. A veces lo que ocurre es que se produce la *desaparición o eliminación* de alguno de los elementos que conforman el conflicto. Por ejemplo, un vendedor y un comprador tienen un conflicto por la venta de un coche. Pero, en el ínterin se produce un accidente y el coche queda destrozado; la desaparición del objeto del conflicto implica la desaparición del conflicto mismo. Denomino a este subtipo de procesos de solución del conflicto procesos de *disolución*. La disolución de un conflicto también puede generarse mediante la eliminación, entendida aquí en un sentido muy amplio, de uno de los actores de dicho conflicto. Un supuesto de disolución en el caso del conflicto con ETA sería la propuesta de un escenario en el que todos sus simpatizantes y/o partidarios estén en la prisión sin posibilidad de mantener su actividad terrorista. Aquellos que defienden que el único instrumento para terminar con el conflicto es la respuesta coactiva (procesos judiciales, sentencias, fuerzas de seguridad del Estado, etcétera) estarían defendiendo la necesidad de un proceso de disolución del conflicto.

Por el contrario, la negociación, y ésta sería la segunda característica, opera en un plano distinto. No se trata de eliminar los elementos del conflicto (actores, objetivos, objetos, etcétera), sino de *transformarlos* de manera que sea posible una coordinación entre ellos. Denomino a este subtipo de procesos de solución de conflicto procesos de *resolución*. La idea de conseguir un acuerdo entre las diversas partes representaría esta transformación hacia la coordinación de objetivos (desde la incompatibilidad a la compatibilidad)

Ahora bien, es importante no confundir una propuesta de disolución (eliminación de ETA mediante la respuesta coactiva del Estado) con un acuerdo negociado que incluye como uno de los aspectos acordados la desaparición *ulterior* de uno de los actores (negociar la desaparición de ETA). En este sentido, reclamar como un elemento necesario del acuerdo la desaparición de ETA sigue siendo una propuesta de resolución del conflicto.

Por último, la negociación es un método de resolución de conflictos en el que los actores implicados interactúan directamente sin la intervención de un tercero. Este punto distingue a la negociación de otros métodos de resolución como la mediación, el arbitraje o la conciliación, por citar tres de los más conocidos. Detengámonos un momento en esta cuestión.

Cuando hablamos de terceros es importante distinguir entre los que participan y los que intervienen en el conflicto. Los terceros que *participan* son aquellos que, aunque en principio, y por diversas razones, pueden resultar difícilmente identificables como actores del conflicto, mantienen un interés en la forma específica en que éste se resolverá. Este interés más o menos escondido, enmascarado o disimulado conduce, tarde o temprano, a la conformación del tercero como un actor más de dicho conflicto. Quizás el ejemplo paradigmático en el caso que me ocupa sea el del Gobierno francés. A primera vista no parece clara su consideración como actor del conflicto o, al menos, no resulta evidente que su inclusión como tal pudiese estar directamente vinculada con el objetivo asignado a los actores. Por ejemplo, si el conflicto gira entorno al tema de la violencia, no parece que el Gobierno francés tenga un objetivo concreto que sirva para definir este conflicto (no ha habido atentados con víctimas en Francia por parte de ETA) o, en todo caso, el objetivo contra la violencia le puede ser asignado en la misma medida en que puede asignársele al Gobierno alemán. Sin embargo, si el objetivo se define en términos de la independencia del País Vasco la cuestión es distinta. Basta señalar, para darse cuenta de este hecho, que uno de los actores del conflicto (ETA) percibe al Gobierno francés como un actor más junto con el Gobierno español. La existencia de conflictos entre varias partes nada dice en referencia a la definición de la negociación.

Otro tipo de terceros son aquellos que no tienen ningún interés en el contenido del acuerdo (no hay una preferencia de tipo personal sobre lo que puede o no incluir el acuerdo) y que *intervienen* por voluntad de las partes o por imposición de un sistema para ayudar a la solución del conflicto o llevarla a cabo. Ejemplos característicos de estos terceros son los jueces, los mediadores, los árbitros, los conciliadores, los terceros componedores, etcétera. Es este tipo de tercero el que queda excluido en los procesos de negociación.[2]

Una vez presentadas las características que definen un proceso de negociación podemos ahora distinguirlo de los otros dos términos que han sido usados en el debate sobre la solución del conflicto con ETA.

«Ir a dialogar»

Como he indicado anteriormente algunos participantes en el debate suelen incluir referencias explícitas a un método de resolución de conflictos diferente a la negociación: el diálogo.

> Resolución del Grupo Socialista sobre la lucha contra el terrorismo: «[...] la política puede y debe contribuir al fin de la violencia; reafirmamos que, si se producen las condiciones adecuadas para un final dialogado de la violencia, fundamentadas en una clara voluntad para poner fin a la misma y en actitudes inequívocas que puedan conducir a esa convicción, apoyamos *procesos de diálogo*» (www.elmundo.es, 18/5/2005).

La noción de diálogo puede tener dos sentidos distintos según las exigencias que se establezcan: un sentido débil y uno fuerte. En un sentido débil, el diálogo es un mero intercambio de opiniones u objetivos. En esta primera acepción ir a dialogar implica sólo el compromiso con que cada interlocutor tendrá el tiempo para exponer sus ideas. El objetivo de los participantes en un diálogo en sentido débil es intentar *convencer* a su interlocutor de que los argumentos que presentan son importantes para dirimir el debate en cuestión. Esta primera acepción suele ser identificada, en un tono peyorativo, como un *diálogo de sordos*; son «sordos» porque el debate tiene una sola dirección de ajuste: desde mis argumentos hacia tu posición.

Por el contrario, en un sentido fuerte el diálogo exigiría el compromiso de los actores a considerar lo que el otro interlocutor está exponiendo; cada parte tiene la intención de aportar argumentos para defender sus ideas ante el interlocutor pero acepta también evaluar aquellos argumentos que el otro exponga. En este segundo nivel la idea de *convencer* se combina con la idea de *ser convencido*.

Ahora bien, cuando se incluye esta segunda exigencia aparece el problema de la distinción entre el acuerdo entre dos personas que dialogan y el acuerdo entre los que negocian. En mi opinión, la distinción primordial entre estos dos tipos de procesos de resolución radica en el hecho de que en el diálogo en sentido fuerte el compromiso está basado en el uso de razones o argumentos porque el único acuerdo posible es aquel que surge del convencimiento de los interlocutores. Pero, en la negociación, el fundamento del acuerdo puede ir más allá del uso de los argumentos o incluso puede no tener nada que ver con éstos. La negociación parece girar en torno al aspecto de la «voluntad» de los actores mientras que el diálogo parece sustentarse en la cuestión del «convencimiento». Creo que es este punto el que permite entender el papel que juegan en la negociación las amenazas, las promesas, los compromisos y un sinfín de tácticas encaminadas a *disuadir o persuadir* a nuestro interlocutor: si alguien está dispuesto en el intercambio entre las partes a usar las amenazas o las promesas en vez de o junto con la argumentación, entonces se encuentra en un ámbito de negociación y no de diálogo. Es importante señalar que, en mi opinión, lo relevante no es el uso efectivo de la amenaza o de otros instrumentos, *sino la expectativa de que su uso tiene o puede tener sentido en el intercambio negociador.*

Para mostrar esto imaginemos dos personas que están intercambiando opiniones en el año 1450 sobre cuál es la forma de la Tierra. Supongamos que una de ellas sostiene que la Tierra es redonda y la otra que la Tierra es plana y que nosotros, que estamos observando este diálogo, desconocemos la respuesta. ¿Cómo sabemos si están dialogando o negociando? Básicamente mediante la comprobación de las expectativas de cada uno. Un interlocutor que se sitúe en un escenario de diálogo defenderá afirmaciones como las siguientes:

a) La posibilidad de dilucidar la cuestión depende de que los dos centremos nuestra atención en la solución del problema con independencia de si nuestra relación personal es de enemistad o de amistad. (La Tierra no es redonda porque seamos amigos.) No hay que confundir la discrepancia en relación con la solución de nuestra disputa con la percepción del tipo de persona que tengo como interlocutor.

b) La confianza o desconfianza en el otro participante no puede ser el fundamento de la solución de nuestro problema. Así que he de proceder independientemente de ella. (Sostener que la Tierra es plana sólo porque lo dice el otro y le tengo confianza recibe el nombre de «falacia de autoridad».)

c) Es necesario dar razones y tomar en cuenta las razones del otro. Una solución sin argumento no sirve, y los argumentos son el fundamento de la solución y no al revés. (Decir que un argumento es incorrecto porque de él se concluye que la Tierra es plana y yo pienso que es redonda es poner el carro delante de los bueyes.)

d) Si el argumento de mi interlocutor me convence y de él se sigue una solución distinta a la que estoy defendiendo, deberé cambiar mi solución o buscar un argumento mejor.

e) El objetivo del diálogo no es llegar a un acuerdo sea cual sea éste (*la Tierra es redonda porque acordamos que lo es*) o por imposición en la discusión (*la Tierra es plana porque yo hablo en nombre de Dios*), sino lograr un resultado a partir de los argumentos expresados.

f) Hay que tener en cuenta que no son buenas razones para encontrar una solución aquellas que están exclusivamente vinculadas con mi voluntad o con lo que deseo. (La Tierra no es redonda porque yo lo desee o lo quiera.)

Por lo tanto, el método del diálogo[3] supone asumir un conjunto de compromisos acerca de cómo debe desarrollarse el intercambio de forma tal que el rechazo de cualquiera de estas condiciones ponga en entredicho la existencia de un diálogo en sentido fuerte. Por el contrario, ese mismo rechazo no impide la existencia del proceso de negociación; una negociación puede desarrollarse al margen de todas ellas. Por ejemplo, resultaría extraño que alguien negase la existencia de un proceso de negociación simplemente porque el vendedor oferta, sólo por su voluntad, preferencia o deseo, un precio que supera al del mercado. Por supuesto, puede ocurrir que en el proceso negociador se acepte alguna de estas propuestas (sólo intercambiar ofertas que estén fundamentadas, no confundir el problema con las personas, no admitir la voluntad del negociador como el único fundamento de una oferta, etcétera), pero esto sólo nos dirá algo acerca de la calidad del proceso de negociación (una negociación mejor) y no respecto de su existencia misma. En los próximos apartados volveré con más detalles sobre este tema.

Una cuestión importante es que, dado que los compromisos que surgen de la definición de estos procesos de resolución de conflictos han de ser compartidos por todos los participantes, podría ocurrir que cada actor defina el proceso de una manera diferente: uno podría ir a negociar y el otro a dialogar. O incluso podría darse el caso de que alguien vaya a una mesa con la intención de dialogar y termine negociando. La modificación del proceso se gestará en el mismo instante en que uno de los interlocutores asuma la posibilidad de usar una amenaza, una promesa, un compromiso o cualquiera de las otras tácticas que focalizan su atención en el acuerdo más allá de las razones que fundamentan las propuestas. Volviendo al ejemplo de la forma de la Tierra: en el preciso instante en que uno de los dialogadores diga o admita que tiene sentido decirle al otro que acepte que la Tierra es plana porque si no se lo dirá a la Santa Inquisición, se habrá cambiado el escenario en el que están interactuando. Más adelante analizaré algunas consecuencias que se siguen de esta descoordinación de expectativas entre los actores, ya que creo que algo de esto está ocurriendo en el asunto que aquí me ocupa.

«Ir a comprobar»

El último de los conceptos que ha sido utilizado en este debate es el de «ir a comprobar». Para aquellos que lo han usado, este tipo de acción puede ser distinguido de los métodos de resolución de conflictos: el diálogo y la negociación.

Declaración del ex presidente del Gobierno José María Aznar ante las reclamaciones por los contactos con ETA mantenidos durante su mandato: «En el único encuentro con la dirección de la banda terrorista, ¡el único en las dos legislaturas del PP!, celebrado tras nueve meses de tregua, sólo se fue a una cosa: *a comprobar* si estaban o no dispuestos a rendirse» (*El País*, 4/3/2006).

Creo que, en principio, el concepto de «ir a comprobar», en comparación con el de «ir a dialogar» y el de «ir a negociar», tiene dos acepciones posibles: *a*) como contraposición al diálogo en sentido fuerte y a la negociación, y *b*) como contraposición a cualquier sentido de diálogo y negociación.

Como contraposición a la negociación y al diálogo en sentido fuerte la idea de «ir a comprobar» es la de aquel que sólo se compromete con el tiempo para que cada uno exprese sus argumentos; le muestra a su interlocutor lo que quiere y permite que el otro exponga sus razones al respecto. Ahora bien, así planteado, y si se acepta lo hasta aquí señalado, la idea de «ir a comprobar» se identifica con el concepto de diálogo en sentido débil: intento convencer pero no ser convencido.

Por su parte, como contraposición a cualquier sentido de diálogo[4] o de negociación, el concepto de «ir a comprobar» ni tan siquiera nos comprometería con el intercambio básico de argumentos. Simplemente se pregunta, se espera una respuesta y se pone fin al intercambio. «Ir a comprobar» es lo que hacemos cuando paseando por la calle entramos a una tienda con la intención de averiguar, *y sólo averiguar*, el precio de un determinado producto.

Es importante distinguir dos situaciones que pueden inicialmente ser similares pero que, en mi opinión, varían con respecto a su calificación; la primera situación es aquella en la que voy a preguntar algo y una vez obtengo la información doy por finalizado el intercambio *con independencia de cuál sea el sentido de lo dicho*. La segunda situación es aquella en la que voy a averiguar algo pero *he decidido, con anterioridad, actuar de una manera determinada* según cuál sea el sentido de la información. Por ejemplo, supongamos que, conforme a lo indicado por el ex presidente del Gobierno, las personas que «fueron a comprobar» tenían la facultad, considerada con anterioridad, de tomar una segunda decisión: «Si la respuesta es que no dejarán las armas, se terminó todo. Pero si la respuesta es que están dispuestos a dejar las armas, entonces procederemos a…». Creo que en esta segunda situación claramente no estamos frente a un supuesto de «ir a comprobar» como contraposición al diálogo o a la negociación. Esto es así porque el actor contempla estos escenarios como el paso siguiente tras la nueva información, y la pregunta inicial es vista entonces como una posible condición del intercambio futuro. Dicho en otros términos, si se quiere mantener la distancia frente a una situación de diálogo o una de negociación no basta con afirmar que uno «fue a comprobar», es necesario sostener que la nueva información no funciona como un elemento más dentro de una estrategia para iniciar el diálogo o para iniciar una negociación.

Hasta aquí la distinción entre «ir a negociar», «ir a dialogar» e «ir a comprobar». A continuación analizaré la distinción entre métodos, instrumentos y modos de terminación de un conflicto. A partir de estas distinciones mostraré dónde creo que radican los prejuicios contra la negociación de algunos de los participantes.

Notas

1. Al referirme a la «utilidad de la imprecisión en el debate político» quiero señalar la posibilidad de usar estratégicamente los conceptos y los argumentos priorizando los aspectos emotivos del lenguaje sobre la claridad conceptual. Sobre el uso estratégico de los argumentos, véase J. Elster (1995), «Strategic Uses of Argument», en K. Arrow, R. Mnookin, L. Ross, A. Tversky y R. Wilson (eds.), *Barriers to Conflict Resolution*, W.W. Norton & Company, Nueva York, pp. 236-257.

2. La distinción entre terceros que participan y terceros que intervienen puede dar lugar a casos problemáticos en virtud de cómo se defina esta cuestión. El caso más estudiado en este sentido fue el de las denominadas *negociaciones de Camp David* entre los Gobiernos israelí y egipcio. En aquella oportunidad Estados Unidos intentó jugar el papel de ter-

cero interviniente (mediador). Sin embargo, los actores (Israel y Egipto) exigieron a Estados Unidos la realización de ciertas concesiones que permitieran conseguir acuerdos. En un modelo clásico de tercero que interviene esto sería incomprensible: los terceros no implican sus recursos en la resolución del conflicto. Este último dato parece apuntar a que mientras que Estados Unidos se veía como un tercero interviniente, o pretendía que el mundo lo viese como tal, los actores tendieron a considerarlo un actor más del conflicto cuyos recursos estaban encima de la mesa de negociación para ser negociados.

3. Hay una acepción de *proceso de diálogo* que debe ser diferenciada en este análisis; el proceso entendido como la generación de un conjunto de circunstancias que permiten el libre intercambio informal de opiniones de la ciudadanía en una situación de conflicto. En algunas declaraciones es posible ver esta noción cuando ciertos interlocutores proponen avanzar hacia una situación en la que los ciudadanos puedan debatir libremente sobre el tema del conflicto vasco implicándose en su resolución. Aunque esta acepción resulta relevante no es la que aquí me interesa analizar. El proceso de diálogo en el que centraré mi análisis es el que media entre ciertos actores o interlocutores que por su especial significación están investidos del poder para tomar decisiones. Para decirlo más claramente, me interesa el proceso de diálogo entre los representantes del Gobierno español y ETA o entre los diferentes partidos políticos. Para un excelente análisis del proceso de generación de debates públicos véase H. Saunders (1999), *A public peace process*, Palgrave, Nueva York. Cabe destacar que, aunque en el libro se trabaja especialmen-

te con el tema de los conflictos étnicos y raciales, el desarrollo de las etapas de trabajo puede ser interesante para cualquier tipo de propuesta que implique un proceso de debate público.

4. Parece que es ésta la acepción que se extrae de las declaraciones del ex presidente del Gobierno.

2

Métodos, instrumentos y modos: los prejuicios contra la negociación

He sostenido al principio que cuando se analizan las declaraciones sobre este tema realizadas por los diferentes interlocutores es posible detectar ciertos prejuicios contra el reconocimiento de la búsqueda de un intercambio negociado. Además, parece ser que para mantener esta posición sin tener que reconocer que uno se niega a cualquier contacto en cualquier circunstancia con ETA, normalmente los interlocutores han preferido utilizar el término «diálogo».

En mi opinión, estos prejuicios están vinculados con tres razones:

1. Los interlocutores no parecen tener clara la distinción entre dialogar y negociar, aunque juzgan positivamente la primera frente a la segunda.
2. Los participantes del debate parecen confundir lo que sería el tipo de proceso encaminado a la resolución de un conflicto (de aquí en adelante, «método») con la forma en que éste termina (de aquí en adelante, «modo»).

3. Estos interlocutores no suelen diferenciar entre el método de solución de un conflicto y aquellos instrumentos que pueden usarse en cada método.

Especialmente estas dos últimas razones parecen hacerles asumir, en mi opinión de forma incorrecta, ciertas premisas a partir de las cuales se rechaza la negociación y se favorece el diálogo. Respecto a la primera razón no diré nada más aquí y me remito a lo indicado en el capítulo anterior. Por el contrario, la segunda y la tercera razón merecen un análisis más detallado.

Para ilustrar mejor dónde radica la diferencia entre métodos, modos e instrumentos comenzaré con un ejemplo ajeno al asunto que aquí me ocupa. Cuando una persona está enferma y va al médico éste puede decidir entre diferentes *métodos* para sanar al paciente. Por ejemplo, puede decidir, entre otros, la utilización de un método convencional o un método naturista. Si opta por el método naturista, los medicamentos que prescribirá serán sustancias naturales y quedarán excluidos aquellos medicamentos que incluyan sustancias sintéticas. Por el contrario, el método convencional admite el uso indistinto de ambos tipos de medicamentos. Los medicamentos en este ejemplo son los *instrumentos* que se emplean en los diferentes métodos. Algunos métodos excluyen la utilización de ciertos instrumentos (el método naturista prescinde de los medicamentos sintéticos). Por el contrario, otros métodos admiten la utilización de distintos instrumentos (el método convencional admite ambos tipos de medicamentos). Finalmente, la utilización de uno u otro método está encaminada a la consecución de un determinado fin o, para seguir con el ejemplo, a distintas formas de terminar con la enfermedad. La forma de terminación recibe el nombre de *modo*. Por ejemplo, el médico puede optar entre lograr la expulsión o la disolución de una piedra en el riñón. También aquí la relación entre métodos y modos variará de un caso a otro; un método puede excluir determinado modo y viceversa. Veamos ahora cómo funciona la distinción en el ámbito de la resolución de conflictos.

La confusión entre métodos y modos: el prejuicio contra la negociación por exceso

La segunda de las razones antes enumeradas del posible prejuicio contra la negociación y a favor del diálogo surge, en mi opinión, de la confusión entre el modo de finalización de un conflicto y el método que se utiliza para tal fin. Ya he analizado en el capítulo anterior la cuestión de los métodos. Trataré ahora la cuestión de los modos de finalización de un conflicto.

Cuando se habla de los modos se está haciendo referencia al *tipo de resultado o a la forma como concluye el conflicto*. En este sentido, distintos resultados pueden ser obtenidos mediante diferentes métodos. La clasificación más tradicional de los modos en que puede concluir un conflicto se limita a cuatro supuestos: 1. Imposición; 2. Retirada o desistimiento; 3. Conversión o allanamiento, y 4. Compromiso.[1]

1. *Imposición.* Un conflicto termina por imposición cuando uno de los actores logra la consecución total de sus objetivos frente al otro actor, que ve frustrada así la obtención de los suyos. La imposición supone entonces la prevalencia de los objetivos de una de las partes frente a los de la otra sin que esta última haya renunciado a su realización. Por ejemplo, el caso del padre que impone a su hijo la hora de llegada a casa.
2. *Retirada o desistimiento.* Un conflicto termina por retirada cuando uno de los actores logra la consecución total de su objetivo frente al otro actor, que abandona la confrontación y la defensa de sus reclamaciones. En este segundo caso, y a diferencia de la imposición, la prevalencia de los objetivos de uno de los actores se produce porque el otro renuncia a la defensa de su objetivo aunque lo mantenga como tal. Por ejemplo, el hijo decide llegar a la hora que el padre le ha dicho porque no quiere seguir con el conflicto, aunque si el padre cambiase de opinión y la hora de llegada no fuese objeto de disputa, él llegaría más tarde.

3. *Conversión o allanamiento.* Un conflicto termina por conversión cuando uno de los actores asume como suyos los objetivos defendidos por el otro actor. Este tercer caso se diferencia de los dos anteriores en el hecho de que desaparece uno de los objetivos incompatibles: el del sujeto que se allana o convierte. Especialmente, la diferencia con el caso del desistimiento es que la modificación de la situación no supone que el actor que se allanó siga defendiendo su objetivo. En la conversión, a diferencia de la renuncia, aunque el padre no considerase ya la hora de llegada como una cuestión conflictiva, el hijo seguiría volviendo a casa a la hora que el padre le indicó.
4. *Compromiso.* Un conflicto termina por compromiso a partir del intercambio de concesiones entre los actores del conflicto. En el ejemplo, cuando el papá le dice al hijo que quiere que esté en casa antes de las tres de la madrugada, éste hace una contraoferta: argumenta que las tres es demasiado temprano y que él querría volver a las nueve de la mañana. El papá cede y busca un punto de acuerdo: «Antes de las seis».

Por lo tanto, tenemos dos métodos de resolución de conflictos (negociación y diálogo) y cuatro posibles modos de finalización del conflicto (imposición, desistimiento, conversión y compromiso). Gráficamente:

49

MÉTODOS	MODOS
Negociación	Imposición
	Desistimiento
Diálogo	Conversión
	Compromiso

Si volvemos nuevamente al tema de los intercambios de declaraciones entre los diferentes participantes en el debate sobre la resolución del conflicto en el País Vasco, parece que algunos asumen dos relaciones específicas entre los métodos y los modos: *a*) la negociación se relaciona exclusivamente con el compromiso (las concesiones) y *b*) el diálogo se vincula con la conversión, el desistimiento o la imposición. Veamos cada una de ellas.

a) Primera premisa: Los participantes en el debate parecen asumir que todo proceso negociador, así como todos los objetivos de una negociación, concluyen o en la falta de acuerdo o en un acuerdo que es necesaria y exclusivamente un resultado por *compromiso*, es decir, un resultado a partir de las concesiones recíprocas de los participantes.

Declaraciones del Francisco José Alcaraz (presidente de la Asociación de Víctimas del Terrorismo): «Los participantes que han intervenido en la primera mesa redonda del III Congreso Internacional de Víctimas del Terrorismo han dicho "no" a una posible *negociación* con ETA porque consideran que cualquier *concesión* a los terroristas supondría justificar las muertes [...]. Francisco José Alcaraz dijo esperar que en todo lo referido a la eventual negociación con la banda etarra al final "se impondrá el sentido común", de manera que se aplicará la ley y *la organización terrorista no obtendrá ninguna contrapartida*» (www.elmundo.es, 14/2/2006).

Para estos participantes la tabla, en lo referente a la negociación, quedaría de la siguiente manera:

MÉTODOS	MODOS
Negociación	~~Imposición~~ ~~Desistimiento~~ ~~Conversión~~ Compromiso

b) Segunda premisa: Por el contrario, el diálogo, si concluye en un acuerdo, será por *la imposición, el desistimiento o la conversión* del otro actor.

Cristina Cuesta (portavoz de la asociación de víctimas Covite): «El diálogo debe estar circunscrito a la confirmación de la definitiva disolución de la banda, a la entrega de sus armas, al desmantelamiento de su estructura de extorsión, intimidación y acoso» (*El País*, 30/5/2005).

Nuevamente, y con esta segunda premisa, la tabla, en lo referente al diálogo, quedaría de la siguiente forma:

MÉTODOS	MODOS
Diálogo	Imposición Desistimiento Conversión ~~Compromiso~~

El resultado de estas dos premisas sería que, para algunos participantes en el debate, la relación entre métodos y modos quedaría establecida de la siguiente manera:

MÉTODOS	MODOS
Negociación Diálogo	Imposición Desistimiento Conversión Compromiso

La conclusión principal de este planteamiento es que, al desvincular el diálogo del compromiso (concesiones), parece que una propuesta de diálogo con ETA, a diferencia de una propuesta de negociación, requiere *un menor nivel de justificación* y, consecuentemente, es más fácil de aceptar por los ciudadanos. La clave de esta aceptación es que el diálogo evita el establecimiento de *concesiones* para aquellos que han actuado fuera del Estado de derecho. Si finalmente hay un acuerdo dialogado entre ETA y, por ejemplo, el Gobierno español, será porque éste *impuso* las condiciones de un Estado de derecho, porque ETA *desistió* de sus pretensiones o, finalmente, porque ETA se *convirtió* y asumió las reglas del juego democrático.

Ahora bien, en mi opinión, si se aceptan las definiciones anteriormente planteadas, estas identificaciones entre métodos y modos, por un lado, no son correctas y, por el otro, esconden una desventaja importante del diálogo frente a la negociación incluso para aquellos que sostienen que el diálogo es el único camino para defender el Estado de derecho.

La incorrección surge porque no hay nada en la definición de negociación que excluya el establecimiento de aspectos o atributos que han de ser aceptados por el otro negociador para poder avanzar hacia un acuerdo. Negar esto sería tanto como pensar que cuando uno negocia la compra de un piso debe estar dispuesto a comprometerse (a establecer concesiones) *con todo* lo que proponga el vendedor. Cuando se negocia cabe la posibilidad de *imponer*, y de hecho generalmente lo hacemos, *ciertos elementos* que han de ser aceptados por el otro actor. La inclusión en el concepto de negociación de los instrumentos de presión, como por ejemplo las amenazas, apunta precisamente a este aspecto posible de todo proceso negociador. En este sentido, creo que no sería intuitivo negar la existencia de una negociación porque el vendedor impuso, mediante una amenaza, la condición de que el pago fuese en efectivo, o porque el padre amenazó con que a partir de cierta hora el hijo debería volver en taxi. Y lo mismo creo que puede decirse del desistimiento. Si el hijo desiste en lo relativo a la forma de regresar por la promesa de una hora de llegada más conveniente para él, ¿diríamos que no hay negociación?

Lo único que, en mi opinión, requeriría una negociación es que todos los actores admitan la existencia de algunos puntos que, dentro de la mesa de negociación, *no podrán ser resueltos* mediante la imposición, el desistimiento o la conversión. Por ejemplo, no habría negociación si el vendedor presentara un contrato cerrado en el que no es posible modificar ninguno de los elementos que lo conforman o si el hijo desistiera en todas y cada una de las condiciones del conflicto por la hora de llegada. Tampoco creo que hubiese negociación, como señalé anteriormente, si todo lo que quisiera hacer el vendedor fuese convencer a su cliente de lo bueno que es su producto y no considerara posible la utilización de las amenazas, promesas u otros recursos. Pero todo esto es distinto a afirmar que negociar implica asumir que todas las cuestiones o aspectos del conflicto han de ser objeto de concesiones. Podemos expresar estas ideas en los siguientes términos:

1. Es condición necesaria y suficiente para hablar de negociación el modo del compromiso (concesión).

2. No es condición necesaria para negar la existencia de un proceso de negociación con que haya imposición, desistimiento o conversión.

Si esto se acepta, entonces la primera premisa a la que antes he aludido resulta incorrecta: podemos negociar mientras que imponemos, desistimos o nos convertimos durante el proceso. Por supuesto que, en el juego negociador, también es posible oponerse a las reclamaciones sustentadas en estos tres modos de finalización del conflicto. Pero eso es parte del proceso de negociación.

Creo que la razón de que esto funcione es que, como indiqué antes, la negociación opera sobre las voluntades de los actores como único sustento del acuerdo. Y, por esta razón, la inclusión de la imposición, del desistimiento o de la conversión, junto con la ineludible concesión, no impide el proceso negociador.

La segunda premisa que parece ser sostenida por los participantes en este debate es la que relaciona el diálogo con la imposición, el desistimiento y la conversión. En mi opinión, la vinculación de métodos y modos que supone esta premisa es correcta sólo en parte. Estoy de acuerdo en que el diálogo (entendido como contraposición a la negociación) opera indefectiblemente en el plano de la *conversión* (el papá razona sobre los riesgos de llegar tarde y el hijo entiende la preocupación que esto produce en el padre). También coincido en que el diálogo excluye el intercambio de concesiones o compromisos: la única «concesión» posible en un diálogo, si se quiere decir así, es aquella que está sustentada en razones o argumentos que el otro considera válidos. Pero esto es simplemente un caso de conversión del interlocutor. Mi discrepancia radica en que, a diferencia de lo que parecen opinar algunos interlocutores, creo que el diálogo también excluiría la imposición y el desistimiento. Si el único argumento del papá es que el hijo debe llegar a las tres porque él lo manda, ¿diríamos que hay un diálogo? Y si el hijo acepta regresar a las tres para evitar más conflictos, ¿veremos esto como un intercambio de razones y argumentos?

Creo que el desistimiento y la imposición no encajan en el diálogo porque, como sostuve al presentar las diferencias entre los dos métodos, la idea de convencer y ser convencido basa el intercambio en la fuerza de los argumentos y no en la voluntad de los dialogadores; cualquier idea de imposición o desistimiento en el contexto del diálogo sólo tiene sentido en tanto que reconocimiento de la superioridad de los argumentos de un interlocutor frente a los del otro, esto es, simple y llanamente la conversión del interlocutor.

Se puede plantear esto de la siguiente manera:

1. Es condición necesaria y suficiente para el diálogo el modo de la conversión.

2. Es condición suficiente para negar el proceso de diálogo los modos de imposición, de desistimiento o de compromiso.

Si se aceptan estas dos consideraciones respecto a las premisas inicialmente planteadas, el tema del prejuicio contra la negociación puede ahora ser, al menos, matizado. Si se centra la atención en la idea de *concesión* más allá de las razones o los argumentos, entonces es cierto que la negociación requiere aceptar esta posibilidad frente al diálogo. Una mesa de negociación para la solución del conflicto con ETA requerirá que *todos* los actores estén dispuestos a hacer ciertas concesiones. Si esto se cumple, cada uno de los protagonistas del proceso podrá imponer condiciones al proceso sin que de ello se siga la ruptura del mismo. Consecuentemente, la propuesta del diálogo, para aquellos que temen las potenciales concesiones, resulta más atrayente que la negociación. Pero si se considera el problema desde el punto de vista de la imposición o del desistimiento, sólo la negociación permite a los interlocutores establecer ámbitos que quedarán fuera de una solución por compromiso (concesiones), esto es, sólo en la negociación tendrá sentido excluir temas de la mesa de intercambio. Desde esta segunda perspectiva el proceso negociador aporta ventajas frente al diálogo también para aquellos que desconfían de cualquier concesión que pueda realizarse a los que actúan fuera del Estado de derecho.

En resumen, si lo que inquieta al hablar del intercambio con ETA son las concesiones, el diálogo es el método. Pero si lo que preocupa es dejar fuera de la mesa ciertos temas, sólo la negociación permitiría hacerlo.

Si se admite lo que hasta aquí se ha expuesto, el cuadro de relaciones entre métodos y modos quedaría conformado de la siguiente manera:

MÉTODOS	MODOS
Negociación	Imposición
	Desistimiento
Diálogo	Conversión
	Compromiso

Ahora bien, podría sostenerse que en todo caso es posible defender una idea de diálogo sobre la base de ciertas condiciones, esto es, a partir de ciertas imposiciones o desistimientos. Por ejemplo, el papá le impone al hijo la forma en la que ha de regresar a casa pero intenta convencerlo mediante argumentos de cuál es la hora de llegada más adecuada. A este tipo de propuestas parecen apuntar declaraciones como las siguientes:

> Patxi López (secretario general del PSE-EE): «[...] es importante no confundir negociar con dialogar. Ni yo, ni ningún miembro del Gobierno, hemos dicho que fuéramos partidarios de negociar con una banda terrorista [...] el único destino que le queda a ETA es disolverse y depo-

ner las armas. Y sólo en ese caso […] podrá entrar en funcionamiento la política» (*El País*, 27/11/2005).

Entrevista a Esperanza Aguirre (presidenta de la Comunidad de Madrid): «*P.* ¿Se puede dialogar con ETA si abandona las armas? *R.* Ese "si abandona las armas", en condicional, es un poco ambiguo. Si me dice usted "una vez que abandone las armas", sí. Deja de ser una organización terrorista, una vez que abandone las armas» (*El País*, 23/1/2006).

Creo que la idea de un diálogo con condiciones (imposición o desistimiento) no encajaría en la propuesta conceptual que aquí estoy haciendo y, lo que es más importante, pondría en cuestión algunas intuiciones que tenemos sobre estos temas. Pero para demostrar esto necesito previamente desarrollar la tercera de las razones que presenté como fundamento de los prejuicios contra la negociación: la confusión entre métodos e instrumentos.

La confusión entre métodos e instrumentos: el prejuicio contra la negociación por defecto

La tercera de las razones sobre las que se asientan los prejuicios contra la negociación viene dada por la confusión entre los métodos y los instrumentos, esto es, el conjunto de recursos que una de las partes puede utilizar para conseguir sus objetivos. En lo que aquí interesa dos son los instrumentos que adquieren una especial importancia; los argumentos y las amenazas. Veamos someramente cada uno de ellos.

La amenaza es un instrumento de tipo coactivo que pretende condicionar la decisión del interlocutor a partir de un cálculo fundamentado exclusivamente en el análisis de costos y beneficios. La idea del sujeto que emite la amenaza es la siguiente: la propuesta de solución tiene sentido para el otro en tanto que el costo que para él significará que se cumpla la amenaza es mayor que el beneficio de rechazar la oferta que se le realiza. Por ejemplo, una de las partes en un conflicto le dice a la otra: «Si no aceptas pagarme ahora el 70 por ciento de la deuda, exigiré el pago de intereses». El sujeto que emite la amenaza calcula que, para el amenazado, el costo del pago de los intereses es mayor que el beneficio de no pagar en ese momento el 70 por ciento de la deuda.

Lo relevante para entender el funcionamiento de este instrumento es que la amenaza actúa con independencia de las razones que puedan darse *a favor de la aceptación de la propuesta*. En este sentido, es irrelevante si el acreedor tiene buenos argumentos para cobrar ahora el 70 por ciento de la deuda; se puede emitir una amenaza aunque no haya ninguna razón que justifique o explique por qué hay que pagar esa cantidad de dinero. La fuerza de la propuesta se agota en los costos que traería aparejados el cumplimiento de la amenaza.

Una muestra significativa de la independencia que tienen las amenazas respecto de los posibles fundamentos de una propuesta es la siguiente declaración:

> Declaraciones del Sr. Ibarretxe (presidente del Gobierno vasco): «Si discutimos acerca de si mesas de partidos sí o no en medios de comunicación, estoy seguro de que no alcanzaremos los objetivos» (www.elpais.es, 21/4/2006).

Es decir, es irrelevante si hay razones o no para discutir la propuesta de una mesa de partidos en los medios de comunicación; aquí lo único importante es que el costo de continuar haciéndolo será mayor que el beneficio que pueda reportar el mantenimiento de este debate.

Por su parte, los argumentos, en tanto que un instrumento para la resolución de conflictos, pretenden producir una reflexión en el interlocutor: se trata de explicar o justificar la propuesta que se hace. Por ejemplo, éste sería el caso de un acreedor que afirma: «Necesito que me pagues ahora el 70 por ciento de la deuda porque si no quebraré». En el caso del conflicto con ETA una muestra del uso de este instrumento sería la siguiente:

> Noticia sobre las declaraciones de María San Gil (presidenta del PP vasco): «Sobre la base de que el Parlamento es el foro donde tiene que discurrir el debate político,

San Gil ha insistido en que "no vamos a legitimar una mesa extraparlamentaria para que se pueda sentar el señor Otegi. En ningún caso vamos a legitimar la presencia de Otegi *porque* no forma parte de ningún grupo parlamentario, sino que forma parte de una organización ilegalizada y está procesado por pertenencia a banda armada"» (www.elpais.es, 21/4/2006).

En este caso lo que importan son las razones que apoyan la propuesta del actor.[2]

Hasta aquí la cuestión de la distinción entre la amenaza y la argumentación planteada de una manera sucinta. Veamos ahora la cuestión de los diálogos con condiciones impuestas y el asunto del segundo prejuicio contra la negociación.

Los defensores del diálogo suelen partir, en lo que atañe a la relación entre instrumentos y métodos, de dos premisas:

a) Primera premisa: El único instrumento posible dentro del método del diálogo es la argumentación. (Dialogar pasa por dar razones acerca de lo que defiendo intentando que el otro acepte mis ideas o convicciones y permitiendo que el otro intente convencerme de que sus propuestas son válidas)

b) Segunda premisa: La negociación es un proceso de resolución de conflictos directamente vinculado al uso de instrumentos de presión y, en especial, al uso de las amenazas.³ Los negociadores son manipuladores de las percepciones de los otros actores y especialistas en el manejo del grado de presión sobre el adversario. Su único objetivo es conseguir un acuerdo más beneficioso para sus intereses. La negociación, así planteada, no es un espacio propicio para buscar *acuerdos* sustentados en la razón y en el convencimiento. Si es eso lo que se busca, se debe desarrollar un proceso de diálogo.

Un ejemplo paradigmático de la conclusión a la que se llega mediante estas dos premisas es la siguiente declaración realizada en el Fórum de Barcelona 2004:

> El diálogo es la *única* dinámica efectiva y eficaz en la resolución de conflictos, la expresión de respeto de la dignidad del ser humano. El diálogo genera la comunicación entre los oponentes. Todo el mundo posee una parte de la verdad y con la conjugación de todas estas partes mediante el diálogo se puede llegar a solucionar los conflictos sin el uso de la fuerza.⁴

Los defensores de estas premisas parecen haber asumido una relación del siguiente tenor:

Defensoras del diálogo

MÉTODOS	INSTRUMENTOS
Diálogo	Argumentos
Negociación	Amenazas Promesas

En mi opinión sólo la primera de estas premisas (diálogo-argumentos) es correcta.

El diálogo, como método de resolución de conflictos que opera según el compromiso «convencer-ser convencido», tiene como único instrumento posible el uso de las razones y los argumentos. Como señalé en la propuesta conceptual parecería que la inclusión de una amenaza, una promesa o cualquier instrumento de presión llevaría a una separación del proceso de diálogo; aceptar la propuesta de nuestro interlocutor a causa de la amenaza de un pago mayor, de un castigo o por la promesa de un beneficio ulterior no parecen ser elementos que se adecúen a la idea de «convicción». Cuando uno de los dialogadores que discute sobre la forma de la Tierra le dice al otro que si no acepta que la Tierra es plana lo denunciará a la Santa Inquisición, esto conlleva el apartamiento del debate de las razones para sostener que la Tierra es plana. De la misma manera, si el padre amenaza al hijo con que si no llega antes de las tres no podrá salir al día siguiente, esto supone un abandono del diálogo en torno a las razones por las que tiene que llegar antes de las tres. Es más, la mera aceptación por parte de uno de los interlocutores de la viabilidad de estos instrumentos es, en realidad, una muestra del abandono de los compromisos que implica el diálogo y un cambio en el proceso de resolución.

Ahora bien, si se admite lo que establece esta primera premisa (diálogo-argumentos), entonces creo que es posible mostrar por qué no corresponde la finalización de un conflicto (o de alguno de los elementos de éste) en el que se opera mediante el método del diálogo por imposición o por desistimiento, esto es, por qué no resulta aceptable la idea de un diálogo en el que uno de los interlocutores imponga, por ejemplo, condiciones al otro *acerca de aquello que ha de ser aceptado en el intercambio sin la necesidad de aportar razones*. Cabe insistir una vez más en que en la negociación la posibilidad de la imposición o del desistimiento se introduce en el proceso a través del juego de la amenaza y la promesa. Pero, si estos instrumentos no tienen lugar en el ámbito del diálogo, la terminación de un conflicto a partir de la imposición o el desistimiento resulta imposible: si no puedo amenazar a mi hijo para conseguir que llegue a las tres porque estoy comprometido con un proceso de diálogo, no podré realizar una imposición. Y lo mismo se puede decir del desistimiento o de las promesas. Por lo tanto, sentarse a dialogar supone estar dispuesto a defender con argumentos cualquier punto del conflicto que sea requerido por nuestro interlocutor.

Podría afirmarse que en el diálogo cabe establecer imposiciones más allá del uso de la amenaza y de las promesas. Por ejemplo, después de dar sus razones para que el hijo vuelva antes de las tres el padre pone fin al conflicto imponiendo la hora de llegada. Pero creo que intuitivamente esta situación no la reconstruiríamos en términos de «un diálogo que incluye la finalización con una imposición», sino más bien como «un diálogo que finalizó en el mismo momento en que se impuso una solución sin que fuera posible discutir las razones para ello».

En resumen, me parece que al hablar de negociación no tenemos problema en reconocer el uso de instrumentos coactivos y, por ende, la posibilidad de incluir los modos de imposición y desistimiento. Por el contrario, al referirnos al diálogo constreñimos nuestra actuación a la presentación de argumentos y razones en todas las etapas del proceso. Consecuentemente, ni la imposición ni el desistimiento pueden formar parte de este método.

Una vez descartada la idea de un diálogo que admita el juego de la imposición o el desistimiento analizaré el segundo de los prejuicios contra la negociación.

Algunos participantes del debate sobre las conversaciones con ETA parecen mostrar un segundo prejuicio contra la negociación: la negociación, por excluir la argumentación, queda reducida al uso de instrumentos coactivos y al ejercicio del poder dentro del intercambio. Este prejuicio surge de la asunción de la segunda de las premisas anteriormente mencionadas: en la negociación los únicos instrumentos posibles son los encaminados al condicionamiento de la voluntad de los actores más allá de las razones (con amenazas, promesas, etcétera).

Es curioso notar la diferencia de calado que media en el prejuicio contra la negociación según que éste surja de la confusión entre métodos y modos o entre métodos e instrumentos. En el primer caso el prejuicio es característico de aquellos actores que recelan de la negociación por ser un proceso demasiado permisivo que les obliga a realizar concesiones; la negociación parece rechazarse porque permite demasiado. Por el contrario, en el segundo caso el supuesto prejuicio está vinculado con el carácter restrictivo de la negociación: la negociación limita excesivamente el proceso de solución de los conflictos. Lo que estos actores parecen buscar en el diálogo es una *libertad* del proceso sustentado exclusivamente en el uso de argumentos.

Este segundo prejuicio puede aparecer expresado de una forma indirecta a través de un tipo de discurso que tiene la siguiente estructura: primero se declara la necesidad de buscar una solución del conflicto de forma pacífica y consensuada a partir del diálogo y de la negociación. Pero, seguidamente, se recrimina al otro actor por el uso efectivo o potencial de amenazas, por la inclusión de restricciones al proceso y, en general, por la utilización de cualquier instrumento de presión que vaya más allá del *debate libre sustentado en argumentos* por parte de los interlocutores.

Comunicado de ETA del 18/2/2006: «El objetivo de esta decisión es impulsar un proceso democrático en Euskal Herria para que mediante *el diálogo, la negociación* y el acuerdo, el Pueblo Vasco pueda realizar el cambio político que necesita [...] Los Estados español y francés deben reconocer los resultados de dicho proceso democrático, *sin ningún tipo de injerencias ni limitaciones* [...] ETA hace un llamamiento a las autoridades de España y Francia para que respondan de manera positiva a esta nueva situación y para que *no pongan obstáculos* al proceso democrático, dejando de lado la represión y mostrando la voluntad de dar una salida negociada al conflicto».[5]

En mi opinión, ésta asunción de la segunda premisa está en conexión con el uso ambiguo del término «diálogo»; a veces se hace referencia al diálogo en tanto que método y otras veces se habla de diálogo en tanto que instrumento. Cuando se piensa en el diálogo como un método se hace alusión a un proceso configurado a partir de una sucesión de etapas que conducirá, bajo ciertos presupuestos y compromisos, a la consecución de acuerdos que resolverán el conflicto. Así planteado el diálogo es un método de resolución que, si se acepta la clasificación anteriormente presentada, se diferencia y aparta de la negociación.

Sin embargo, otras veces la mención del diálogo parece aludir a un instrumento en concreto: los argumentos. De esta manera, la petición de diálogo ha de ser entendida como una reclamación del empleo de razones que fundamenten las pretensiones de los interlocutores. Esta segunda acepción, y aquí radicaría en mi opinión el error de la segunda premisa anteriormente señalada, no descarta la negociación. Tiene pleno sentido reclamar en el proceso de negociación el uso de razones o argumentos que sustenten las pretensiones de los negociadores: la negociación no excluye la utilización de argumentos que respalden las aspiraciones de los actores. Lo que ocurre es que esto no es imprescindible para la existencia del proceso negociador; es posible una negociación en la cual los actores no argumenten sus ofertas o reclamaciones. Aceptar este segundo prejuicio sería tanto como admitir que si un comprador le pide a un vendedor que le explique o justifique por qué es ése el precio, entonces se ha producido una ruptura del proceso negociador.[6]

Una vez se hace expresa la ambigüedad resulta posible revisar la relación entre métodos e instrumentos, que podría ser sintetizada de la siguiente manera:

1. El diálogo en tanto que método de resolución de conflictos excluye la amenaza como un instrumento. Por el contrario, la negociación admite este instrumento.
2. El uso de argumentos o la reclamación de su uso no excluye *per se* la existencia de un proceso de negociación. Pero tampoco lo hace la inexistencia de dicho uso.

A partir de estas dos afirmaciones la relación entre métodos e instrumentos quedaría planteada en los términos siguientes:

MÉTODOS	INSTRUMENTOS
Negociación ┄┄┄┄►	Amenazas
Diálogo ─────►	Argumentos

Creo que con todo lo que hasta aquí se ha explicado es posible entender mejor qué es cada uno de estos métodos, a qué nos comprometemos en cada uno de ellos y cuál es la funcionalidad que actúa detrás de cada método.

La negociación es un método construido y diseñado con un único objetivo: la búsqueda de un acuerdo para la resolución del conflicto. Su fuerza radica en la voluntad de los actores para aceptar el proceso y el acuerdo. El único compromiso que se les exige es que estén dispuestos a realizar concesiones en algunos de los elementos que quedarán plasmados en el acuerdo. Y este último es valorado positivamente con independencia de si los actores recurrieron a la argumentación como fundamento de sus acciones dentro del proceso. Pero los negociadores pueden intentar evitar la realización de concesiones mediante sus tácticas en el proceso. El razonamiento puede tener un papel en la negociación, pero no es una condición necesaria para el éxito del proceso porque el éxito es el acuerdo. Por el contrario, el diálogo es un método que no acepta cualquier acuerdo como resultado. Por encima de la voluntad surge la idea de la convicción. Los dialogadores se comprometen a intentar convencer y ser convencidos por la fuerza de las razones. No sirven las tácticas que construyan acuerdos a partir de la presión o del cálculo de costo y beneficio.

Así las cosas, me parece que los dos puntos fundamentales para dirimir la funcionalidad de un método u otro serían los siguientes:

1. La disparidad de las razones: cuanto más diferentes sean las razones de los actores en el conflicto, es decir, aquello que están dispuestos a aceptar como argumentos en el debate, menos viable será un proceso de diálogo.
2. La urgencia del acuerdo: si lo que importa es la búsqueda de un acuerdo de manera inmediata es mejor trabajar en el proceso de negociación. Por el contrario, si disponemos de tiempo y los costos de oportunidad no son elevados podemos desarrollar un proceso de diálogo.

Notas

1. Puede verse un desarrollo más pormenorizado de los modos de resolución de conflictos en R. Entelman (2001), *Teoría de conflicto. Hacia un nuevo paradigma*, Gedisa, Barcelona.

2. A veces puede resultar algo complejo diferenciar entre la amenaza y la argumentación. Por ejemplo supongamos que el acreedor del ejemplo dice algo como lo siguiente: «Si no me pagas ahora el 70 por ciento, no podré seguir produciendo en la cantidad que lo he hecho hasta ahora porque necesito ese dinero y tendré que dejar de suministrarte productos». ¿Es esto una amenaza o un argumento? No me ocuparé aquí de esta cuestión ya que no es relevante en el desarrollo del prejuicio contra la negociación. Sin embargo, en apartados posteriores veremos que esta dificultad puede plantear problemas a la hora de interpretar las acciones de los otros actores.

3. Un ámbito en el que esta forma de entender la negociación ha tenido una especial trascendencia es en el debate sobre la democracia deliberativa. Para todo ello puede verse C.S. Nino (1997), *La constitución de la democracia deliberativa*, Gedisa, Barcelona, y J. Elster (comp.) (2001), *La democracia deliberativa*, Gedisa, Barcelona.

4. Puede encontrarse dicha declaración en www.barcelona 2004.org

5. Podría afirmarse que hay una interpretación posible de esta declaración que permite excluirla del supuesto prejuicio: lo que ETA está manifestando aquí es que los Estados espa-

ñol y francés no son actores en la negociación. Pero si éste fuera el caso, resultaría difícil de entender la parte final de la declaración «[...] mostrando la voluntad de *dar* una salida negociada al conflicto [...]».

6. Para un desarrollo más pormenorizado del papel de la «amenaza» en la negociación véase R. Calvo Soler (2004), «Entre ángeles y demonios anda el juego», *La Trama* (www.latrama.com.ar).

3

Confusiones y prejuicios: consecuencias prácticas

Podría afirmarse que todo el entramado conceptual presentado hasta este momento es una simple construcción estipulativa más o menos arraigada en algunas intuiciones pero que no aporta nada a la cuestión primordial: el tema de la resolución del conflicto. En mi opinión no hay nada más alejado de la realidad. Para intentar demostrar que esto no es así y que la falta de precisión puede generar problemas o incluso llegar a poner en juego la viabilidad del proceso presentaré algunas consecuencias prácticas que pueden seguirse de esta falta de claridad conceptual. Algunas de ellas ya han empezado a ponerse claramente de manifiesto en las diferentes declaraciones de los interlocutores y otras podrían aparecer en un estadio más avanzado del proceso.

A FAVOR DEL DIÁLOGO Y LA SUPERACIÓN DE LA AMBIGÜEDAD

Una primera consecuencia de lo que se ha dicho hasta aquí es que la defensa del diálogo requiere, para resultar comprensible, de la explicitación de la acepción de *diálogo* que se está usando. Esta cuestión no es baladí porque, como he indicado anteriormente, mientras que en un caso habría un compromiso con un método de resolución de conflictos, con todo lo que eso implica, en el otro la defensa del diálogo no significaría *per se* un compromiso con la metodología a usar. Algunos ejemplos de esta ambigüedad serían las siguientes declaraciones:

> Noticia sobre las declaraciones de Arnaldo Otegi: «Arnaldo Otegi, portavoz de la ilegalizada Batasuna, aseguró ayer que ETA está "predispuesta" a *conversar* con el Gobierno» (www.elpais.com, 5/6/2005).
> Noticias sobre declaraciones del PSOE: «El PSOE cree que "ahora le toca moverse a ETA" y que "debe hacerlo cuanto antes para no desaprovechar las expectativas de paz creadas" una vez que "el Gobierno ya ha dado todos los pasos para propiciar *un final dialogado* del terrorismo" [...] Si se cumplen esas condiciones, el Gobierno también está dispuesto a *dialogar* con ETA sobre la situación de sus presos» (www.elpais.com, 22/5/2005).

En cada una de ellas no resulta claro si la petición de diálogo hace referencia al uso de un instrumento en particular o a una propuesta acerca de un método específico de resolución de conflictos. Tal como se ha visto, cada una de estas acepciones tiene implicaciones diferentes.

Por lo tanto, cuando se habla de «dialogar» indefectiblemente se hace necesaria una clarificación.[1]

Diálogar y negociar: el problema de la coherencia

Una segunda consecuencia derivada del entramado conceptual que aquí he presentado es que algunas posiciones que podrían adoptarse en el proceso de resolución de conflictos resultarían incoherentes. He sostenido anteriormente que si se admite que la referencia al diálogo se hace en términos del método esto supone su diferenciación del proceso de negociación. Sin embargo, no es extraño encontrar declaraciones que incluyen simultáneamente la propuesta de negociación junto con la del diálogo:

> Declaración de alto el fuego de ETA del 24/3/2006: «El objetivo de esta decisión es impulsar un proceso democrático en Euskal Herria para que mediante *el diálogo, la negociación y el acuerdo*, el Pueblo Vasco pueda realizar el cambio político que necesita».

Es preciso recordar que, según lo que he expuesto anteriormente, el ofrecimiento del inicio de un proceso de diálogo supone asumir ciertos compromisos vinculados a la idea de convencer y ser convencido. Por el contrario, cuando se habla de negociar estos compromisos no sólo carecen de sentido sino que, en ciertas circunstancias, pueden obstaculizar el desarrollo del proceso; la negociación admite ciertos modos (el compromiso, la imposición, el desistimiento) e instrumentos (las amenazas, las promesas) que no tienen razón de ser en el diálogo.

Si se acepta esto, una posición que defienda simultáneamente el uso del diálogo y de la negociación sólo será coherente si *a)* se está utilizando la noción de diálogo como instrumento (pedir diálogo es reclamar que en la negociación se razonen las ofertas) o *b)* se da por sentado que dentro del proceso hay ciertos aspectos del conflicto que serán dialogados y otros que serán negociados. La primera de las posibilidades ya ha sido considerada en el apartado anterior por lo que no diré nada más. Por su parte, un ejemplo paradigmático de una propuesta coherente que atribuye el uso de diferentes métodos para distintos aspectos del conflicto sería la siguiente:

> Conclusiones de los trabajos de la mesa de reflexión plural: «Antes de iniciar este diálogo, nos proponemos firmar un protocolo que defina la metodología del proceso y los siete compromisos compartidos que, en relación con el mismo, asumimos: [...] el *diálogo sin exclusiones*, la *ejecución negociada* y pactada de las decisiones que se adopten, y el establecimiento de *medidas de arbitraje* y garantías para los supuestos de desacuerdo en la interpre-

tación y aplicación de los acuerdos que pudieran alcanzarse» (www.elkarri.org).

Lo que no me parece de recibo, y además dificulta seriamente la comprensión de la propuesta, es la presentación indiscriminada de ambas metodologías como si pudiesen ser usadas alternativamente dentro del proceso para trabajar sobre un mismo punto. La incertidumbre que causa esta posición es importante puesto que no permite entender al interlocutor o a los observadores con qué se está comprometiendo aquel que la expresa. Para decirlo de manera más prosaica: esto es como si nos invitan a jugar un partido pero nadie nos dice cuál es el juego.

Si se admite lo que se ha dicho hasta aquí, y dejando de lado las propuestas como las de Elkarr que defienden métodos diferentes para cuestiones distintas, sólo caben tres posiciones posibles en lo que concierne a la metodología de trabajo:

a) Primera posición. Contra el diálogo y contra la negociación: un acuerdo en este conflicto basado en el diálogo o en la negociación es a todas luces inadmisible. Para esta primera posición la única posibilidad de solución pasa por la disolución del conflicto pero en ningún caso por su resolución.
b) Segunda posición. A favor del diálogo pero contra la negociación: un acuerdo en este conflicto

requerirá de un diálogo abierto que no puede ser condicionado sustantivamente en una etapa previa. Para esta posición sólo es admisible la terminación del conflicto por conversión de los actores. El uso de las amenazas o de otros instrumentos de presión es inaceptable en este contexto. El único acuerdo aceptable es el que surge del firme convencimiento de los participantes.

c) Tercera posición. A favor de la negociación pero en contra del diálogo: un acuerdo en este conflicto sólo puede surgir de una negociación. No hay ninguna posibilidad de que se intenten convencer unos a otros en el proceso porque los puntos de vista son irreconciliables. Por esta razón, que se haga uso o no del instrumento argumentativo no es lo más importante. Lo que aquí se necesita es llegar a acuerdos que puedan solventar la situación.

Los interlocutores que participan en el debate deberían aportar claridad reconstruyendo sus propuestas bajo la égida de alguna de las tres posiciones que acabo de exponer. Cualquier otro discurso supone, en mi opinión, dar voces al viento sin transmitir contenido alguno a los espectadores (ciudadanos) o a los interlocutores.

La reconstrucción influenciada de los instrumentos

Una tercera consecuencia que medra en este contexto de falta de claridad conceptual es que cada actor puede reconstruir las declaraciones de los otros. Esta reconstrucción se efectuará normalmente en los términos de aquellos instrumentos acordes con el método con el que está comprometido el que la realiza. Un hecho característico de este tipo de situaciones es cuando un actor, que considera que está en un proceso de negociación, reconstruye los movimientos de su interlocutor en términos de amenazas.[2] Por ejemplo, un cliente que considera que está *negociando* la compra de un automóvil probablemente reconstruirá la frase del vendedor «no se si será posible esperar a la semana que viene para venderle el coche» como una amenaza («si no lo compra ahora, la semana que viene ya lo habré vendido y se arrepentirá») y no como un argumento («dado que hay muchos posibles compradores interesados en el coche, si viene alguien tendré que vendérselo»). Las siguientes declaraciones de ETA parecen reproducir este tipo de situaciones:

> Entrevista a ETA: «Hemos visto cómo algunos partidos tienden a alargar lo más posible los tiempos y fases del proceso, y es preocupante. La frase "largo, duro y difícil" se ha hecho famosa. *Tras esa frase se oculta la voluntad* de retrasar los pasos del proceso en función de intere-

ses políticos concretos, la voluntad de atrasar los pasos que pueden darse desde hoy mismo. Además, cuando esos responsables políticos hablan de obstáculos, o cuando apuntan que el proceso será difícil y duro, están enviando un mensaje dirigido a la izquierda *abertzale*, porque anuncian especialmente para la izquierda *abertzale* esa dureza, porque anuncian esas dificultades para la izquierda *abertzale*. Así que lo entendemos como una *amenaza*» (www.gara.net, 14/5/2006).

Ahora bien, al reconstruir de esta manera las declaraciones del interlocutor pueden pasar dos cosas:

a) Si aquel cuyas declaraciones son reconstruidas en términos de amenazas o aquellos que observan el intercambio también entienden que hay un proceso negociador, entonces responderán normalmente con otra amenaza o exigirán que se responda con una amenaza; reconstruir las declaraciones del otro interlocutor en estos términos parece legitimar el uso de nuevas amenazas. Por ejemplo, creo que éste es el caso del Partido Popular que, al creer que existe un proceso de negociación entre ETA y el Gobierno, exige, frente a este tipo de declaraciones, una respuesta enérgica:

Respuesta del Partido Popular a la entrevista con ETA: «Acebes dibujó un panorama muy complejo:

"No estamos hablando de un proceso de paz, sino de *negociación* para la independencia del País Vasco y la anexión de Navarra", dijo. [...] "Lo que debe hacer Zapatero es constatar si ETA quiere desaparecer. Y si no, como parece, tiene que colocar las líneas rojas"» (www.elpais.es, 16/5/2006).

b) Por el contrario, si aquel cuyas declaraciones son reconstruidas en términos de amenazas pensó que estaba en un proceso de diálogo, considerará que ésta es una medida de presión inaceptable dentro de este método y o pensará en abandonar el proceso de diálogo o insistirá en reconducir el proceso hacia los compromisos que conforman el diálogo:

Declaraciones del ministro del Interior después de la entrevista de ETA: «El ministro del Interior, Alfredo Pérez Rubalcaba, ha informado hoy en el Congreso de los Diputados de que "el Gobierno piensa que se están cumpliendo" las condiciones de la resolución parlamentaria sobre el posible *diálogo* con ETA y que la verificación del alto el fuego declarado por la organización terrorista "terminará en poco tiempo". Rubalcaba ha reiterado, no obstante, que el proceso de paz será "duro, largo y difícil" y ha sostenido que la decisión de la organización terrorista "tiene bases sólidas", pero también "un punto de partida al que todavía no hemos llegado: alcanzar la convicción de que

ETA quiere poner fin a la violencia"» (www.elpais.es, 17/5/2006).

Sea como fuere, la reiteración de este tipo de situaciones produce momentos de tensión entre los interlocutores que pueden dificultar la viabilidad del proceso de resolución del conflicto.

Una mesa para dos métodos

Cuando en las propuestas de resolución de un conflicto se produce un uso indiscriminado de los términos «negociación» y «diálogo», puede ocurrir que uno de los actores se dirija a la mesa a dialogar y se encuentre inmerso en un proceso de negociación que no había calculado o viceversa. En términos generales el riesgo principal de este tipo de desajustes es que, como cada una de las partes ha asumido un conjunto de presupuestos, instrumentos y modos acordes al método que propugna, el uso por parte del otro de los elementos propios de otros métodos puede hacer trastabillar la búsqueda de un acuerdo. Este titubeo es posible incluso en áquellos casos en los que hay un margen real para la solución del conflicto; lo que aquí estará en juego es la forma de llegar a esa solución y lo que cada actor considera aceptable para conseguirlo. Permítaseme volver al ejemplo del «juego indefinido» para ilustrar este tipo de situaciones. Supóngase que uno de los equipos cree que el partido será de fútbol sala mientras que el otro piensa que será de balonmano. Si cuando comienza el partido uno de los jugadores coge la pelota con la mano y la introduce en la portería contraria gritando «¡gol!», probablemente la primera impresión del equipo contrario será de sorpresa seguida de una fuerte sensación de haber sido engañado. Por supuesto, a poco que los dos equipos se puedan comunicar será posible enderezar el entuerto.[3] Lo que ocurre es que, en el caso específico del conflicto que aquí me ocupa, las posibilidades de resolver este tipo de situación mediante la comunicación puede resultar realmente complejo.

Un ejemplo clarificador del nebuloso camino que se está comenzando a transitar son las siguientes declaraciones:

> Noticia sobre la declaración de Joseba Permach: «El dirigente de Batasuna Joseba Permach anunció ayer que la ilegalizada formación presentará mañana en Pamplona una *comisión negociadora* con el objetivo de poner en marcha el proceso político en Euskadi y llevarlo "a buen puerto". Permach opinó que la intención del presidente Rodríguez Zapatero de *iniciar el diálogo* con ETA es un paso necesario para formar "la mesa ETA-Gobierno", pero advirtió que el proceso "en absoluto se puede sostener" únicamente con una *negociación entre la banda terrorista y el Ejecutivo*, ya que es "absolutamente necesa-

rio" constituir una mesa de formaciones políticas vascas» (www.lavanguardia.es, 23/5/2006).

Es decir, mientras que el presidente del Gobierno habla de iniciar un diálogo, otro actor se está preparando para dar comienzo a una negociación.

La indefinición de estas características puede dar pie a muchos malentendidos. Aquí señalaré dos de ellos sintetizados en las dos frases siguientes: ¡fuimos a dialogar y nos amenazaron! y ¡fuimos a negociar y sólo obtuvimos palabras!

1. ¡Fuimos a dialogar y nos amenazaron!

La primera de las situaciones se produce porque uno de los actores acude a un diálogo mientras que el otro pretende establecer un proceso de negociación. En este tipo de escenario lo que le choca al actor comprometido con el diálogo es que el otro utilice como instrumento la amenaza. Cuando esto ocurre es muy posible que el actor amenazado no haga el cálculo de costos y beneficios que busca el sujeto que usa este instrumento de presión: la amenaza está descontextualizada fuera del proceso negociador. Más bien lo que será preponderante en el cálculo del sujeto es la idea de que el diálogo se ha roto o está a punto de hacerlo. Es importante volver a señalar que lo que aquí pone en peligro la resolución del conflicto no es el uso de la amenaza, sino la dispar definición del proceso que hace cada uno de los protagonistas.

2. *¡Fuimos a negociar y sólo obtuvimos palabras!*

Si la anterior situación resalta la sorpresa de aquellos actores que cuando van a dialogar se encuentran con una amenaza, la segunda posibilidad contempla el caso de aquellos que, buscando un acuerdo negociado más allá de los argumentos, se encuentran con un discurso que pretende exclusivamente obtener consensos razonados. Hay que recordar que la negociación centra su atención en la consecución de acuerdos, estén o no sustentados en razones: un negociador puede aceptar una oferta aunque no le convenzan las razones que esgrime aquel que la presenta. Cuando la negociación esperada no se produce es posible que aquel que estaba dispuesto a negociar interprete que aquella está siendo obstaculizada por la desidia del otro actor. En ese momento el frustrado negociador podría, al menos, utilizar las dos estrategias siguientes: *a)* dar por finalizado el intercambio aduciendo la falta de compromiso del otro para conseguir acuerdos, o *b)* presionar al otro para que tome conciencia del proceso en que está inmerso. Cualquiera de ellas puede poner en tela de juicio la viabilidad del proceso.

Una vez más lo que aquí puede dificultar el avance hacia una resolución del conflicto no es la incompatibilidad de las posiciones, sino la dispar concepción de métodos, instrumentos y modos que posee cada uno de los actores.

¿Cuándo comienza todo?

La última de las consecuencias negativas que señalaré en este trabajo debidas a la falta de concreción en los métodos que se van a utilizar es la que tiene relación con los tiempos de inicio de los procesos. Me parece que, si se acepta el sistema conceptual que aquí he propuesto, resulta sencillo ver que el tiempo de inicio de un proceso de diálogo no es el mismo que el de una negociación. Aunque ambos pueden contingentemente coincidir, el factor detonante de cada proceso es diferente: un diálogo comienza cuando los interlocutores, asumidos los compromisos que este método implica, empiezan a expresar y defender sus posiciones y argumentos. Por el contrario, el comienzo de una negociación requiere, en mi opinión, que uno de los actores ponga encima de la mesa una oferta o propuesta de acuerdo.[4] Mientras que no aparezca este elemento el proceso se limita a un mero intercambio de opiniones que puede, en el mejor de los casos, ser preparatorio de la negociación. Un ejemplo de esta situación son las siguientes declaraciones:

> Declaraciones de Arnaldo Otegi: «Para la izquierda *abertzale*, la fase de las *conversaciones ha concluido* y en

los próximos meses se tiene que iniciar la *fase de las negociaciones* y del cierre de un *acuerdo*» (www.lavanguardia.es, 9/5/2006).

Paradójicamente, cuando [actores que defienden métodos distintos se refieren al comienzo del proceso de resolución de aquél puede darse el caso de que el inicio del proceso no se produzca en el mismo momento para cada uno de ellos: lo que para uno puede suponer un avance dentro del proceso de diálogo para el otro pueden ser meras conversaciones previas que aún no suponen el comienzo del proceso de resolución.]

En el caso del conflicto vasco la situación resulta aún más curiosa: para Batasuna, que parece defender una posición negociadora, todo lo que hasta ahora ha habido son conversaciones que no marcan el comienzo del proceso negociador y, probablemente, el hecho de sentarse a dialogar no suponga el inicio de ningún proceso, sino una continuación de esas conversaciones que se daban por concluidas. Por el contrario, para el presidente del Gobierno y los partidos políticos que respaldan su actuación, el proceso de diálogo comenzará en el momento en que se sienten en la mesa con ETA para avanzar en el intercambio argumentado de sus posiciones.

Estos desfases temporales suelen ser determinantes para la viabilidad del proceso en tanto que suponen un factor de desgaste. Lo que uno considera que son avances el otro lo concibe como dilaciones.

Notas

1. Una forma de romper esta ambigüedad ha sido incluir el término «proceso» junto al de «diálogo», como por ejemplo en esta noticia sobre las declaraciones del presidente español: «José Luis Rodríguez Zapatero dio ayer por bueno el cese del fuego anunciado hace dos meses por la banda terrorista y adelantó que el mes que viene comunicará a los partidos *"el inicio del proceso de diálogo* con ETA para poner fin a la violencia"» (www.elpais.com, 22/5/2006).

2. Algunas veces este uso interesado tiene su fundamento en la dificultad que puede plantearse a la hora de distinguir entre un argumento y una amenaza. Pero otras veces el alcance de la indefinición de los métodos refuerza la posibilidad de realizar estos movimientos más allá incluso de la claridad de la declaración en cuestión.

3. Lo que no será tan sencillo será decidir si el gol sube o no al marcador.

4. Por supuesto esta oferta o propuesta puede versar acerca de aquello que será objeto de la negociación. Pero en este caso cabe diferenciar entre dos negociaciones distintas: la negociación respecto de lo que va a ponerse encima de la mesa (negociación del protocolo) y la negociación acerca de cómo se resuelven los puntos que se acordó iban a ponerse encima de la mesa. Ambas negociaciones requieren, en mi opinión, que alguno de los negociadores realice una propuesta: en el primer caso un propuesta de protocolo; en el segundo, una propuesta de solución de los ítems que se acordó

componían ese protocolo. Acerca del papel de los «marcos» en la negociación, véase Lewicki, Saunders y Minton (2001), *The Essentials of Negotiation*, McGraw Hill, Boston (2.ª edición).

4

Un proceso de negociación: tácticas y contratácticas

En los tres capítulos anteriores he intentado presentar una estructura conceptual que permita tener una mejor comprensión de los procesos y compromisos que están implicados en este debate. También me ha interesado mostrar cómo funcionan los prejuicios contra la negociación y en qué medida han de ser modificados o descartados para acreditar la negociación como un método para la resolución de este conflicto.

El cuarto capítulo de este libro es un ejercicio basado en una suposición: supongamos que todos los participantes en este debate aceptan la necesidad de avanzar hacia la resolución de este conflicto mediante algún tipo de acuerdo negociado. A partir de esta premisa he intentado reconstruir las declaraciones de los participantes en el debate como un conjunto de tácticas que utilizan para lograr una mejor posición en la mesa de negociación. Ésta es una partida de ajedrez en donde el tablero son los medios de comunicación y las piezas son las declaraciones de los diferentes interlocutores. El objetivo de todos ellos en este juego es que, cuando llegue el momento de sentarse en la mesa a negociar, estén mejor situados que el resto de actores del conflicto.

Con estos presupuestos procederé de la siguiente manera: en primer lugar, mostraré cómo se utiliza y para qué sirve la táctica implicada en una negociación. En segundo lugar, analizaré cómo han funcionado y funcionan estas tácticas en el escenario particular de este conflicto. Me interesa presentarlas de forma tal que sean fácilmente reconocibles por el lector en las declaraciones de los participantes en el intercambio dialéctico. En tercer lugar, examinaré los costos de cada táctica y el encaje que tiene en relación con una posible resolución del conflicto.

El objetivo de este capítulo del libro es demostrar que, aunque la negociación acepta un amplio abanico de modos e instrumentos porque está focalizada en la búsqueda de un acuerdo, algunos movimientos muy comunes en estos procesos pueden producir una tensión importante entre dos objetivos legítimos de toda negociación: lograr un acuerdo y lograr un acuerdo que beneficie al máximo los intereses de cada parte. Creo que éste es el gran riesgo de los procesos de negociación, un riesgo que exige, especialmente en los casos como el que aquí nos ocupa, una especial atención destinada a lograr un equilibrio entre estos dos objetivos por parte de todos los participantes.

Las tácticas que voy a analizar son las de lo no negociable, la del jarro de agua fría, la del paraíso, la de la mala fama, la del divide y vencerás y la del frente ruso.

Lo no negociable

La táctica de *lo no negociable* se utiliza en los momentos iniciales o previos al proceso de negociación. Su objetivo prioritario es apartar de la mesa de negociación algún asunto que tiene una especial trascendencia. Esta trascendencia puede ser consecuencia de alguna de las siguientes razones:

a) Reclamaciones futuras: el asunto en cuestión puede ser utilizado por el otro negociador durante el proceso como motivo de una contraprestación o concesión. Para evitar esto *ab initio* se propone la paralización de la mesa de negociación hasta que no se acepte la resolución del asunto en cuestión o su salida de la agenda de los puntos que se han de negociar. Es importante señalar que, así planteado, el problema que encara esta táctica es de carácter estrictamente estratégico (es un cálculo de costos y beneficios en el futuro desarrollo de la mesa de negociación).

Supóngase que en una negociación entre la dirección de una empresa y los trabajadores ha habido una serie de despidos. Los sindicatos saben que si no sacan ese tema de la mesa de negociación podrá ser utilizado como causa de una contraprestación en el futuro. Teniendo esto presente proponen lo siguiente: «No avanzaremos en la negociación sobre el fin de la huelga hasta que no se produzca la readmisión de nuestros compañeros». Lo que temen los sindicatos es que más avanzada la negociación, y ante cualquiera de sus reclamaciones, la dirección ponga sobre la mesa el tema de la readmisión de los trabajadores: «Si aceptamos el aumento del 2 por ciento que ustedes reclaman, no hay nada que discutir respecto de la readmisión de los trabajadores despedidos». La fuerza de la oferta del sindicato quedará disminuida por la presión que supone tener que optar entre «reducir la pretensión-lograr la readmisión» o «mantener la cantidad pretendida-aceptar la no readmisión de los trabajadores».

b) Validación de la mesa: el apartamiento de ciertos temas de la mesa de negociación puede validar el desarrollo posterior de ésta y, consecuentemente, el acuerdo obtenido; si se logra que el otro negociador desista de tratar esos temas, la negociación ya habrá valido la pena con independencia de qué concesiones se hagan respecto de las restantes cuestiones. También en este segundo supuesto el problema que encara la táctica es de tipo estratégico.

En el caso de la negociación laboral supóngase ahora que los negociadores del sindicato saben que entre los temas que hay que tratar resulta especialmente importante la cuestión del aumento salarial. Pero también conocen la existencia de fuertes discrepancias entre sus afiliados acerca de la viabilidad de un proceso de negociación: un sector destacado reclama la realización de acciones de presión como la huelga. Los negociadores ponen en la mesa de negociación como condición para avanzar la cuestión del aumento salarial porque si lo logran esto legitimará el resto del proceso con independencia de lo que ocurra con los otros elementos del acuerdo.

c) Cuestiones valorativas: entre el abanico de cuestiones que pueden aparecer en la mesa hay algunas que son consideradas por parte del negociador como «no negociables», esto es, respecto de las cuales no desea una solución por compromiso (concesiones). Por tanto, necesita sacarlas de la mesa para no afectar al valor moral del acuerdo. Este tercer supuesto sólo tiene sentido, y ésta es una cuestión crucial para su coherencia, si el tema objeto de la valoración moral es independiente de las otras temáticas del conflicto, por lo que puede ser aislado del resto. «Independiente» quiere decir aquí que: *i*) la resolución de esa cuestión no condiciona el desarrollo de la negociación en los otros temas, y *ii*) la condición inmoral atribuida a esta cuestión no se extiende al resto de temáticas puestas sobre la mesa de negociación. Si no es éste el caso porque, por ejemplo, la condición inmoral abarca la totalidad de cuestiones que están en la mesa de negociación, entonces esta táctica sería realmente una defensa de la posición *contra la negociación*.

En el escenario de una negociación del conflicto con ETA es posible presentar una gran cantidad de declaraciones que *parecen* mostrar el uso de este tipo de tácticas:

> Comunicado de ETA: «La organización terrorista ETA ha difundido en la madrugada de hoy a través del diario *Gara* una "propuesta" de "diálogo y negociación" [...] *ETA pone como condición* la autodeterminación de "Euskal Herria"» (www.elpais.es, 9/3/2006).
> Noticias después del comunicado de ETA del día 22/3/2006: «El Gobierno, por su parte, sigue hablando de cautela en su hoja de ruta: antes de negociar, dicen, debe cesar todo tipo de violencia. Rubalcaba asegura que tiene que haber símbolos inequívocos de que se abandona la violencia. El portavoz socialista matiza que el cese de la violencia incluye los chantajes y las extorsiones» (www.antena3noticias.com, 23/3/2006).

De alguna manera la mayoría de aquellos que defienden un resultado «negociado» han utilizado esta táctica con el fin de mejorar su posición en el proceso, de validar la negociación frente a terceros o de reconstruirla de forma aceptable desde su punto de vista moral.

Ahora bien, el problema fundamental que plantea esta táctica es que puede conducir a una situación en la que no sea posible negociar o en la que lo que queda por negociar sea intrascendente, con lo que la negociación pierde sentido. Con voluntad meramente expositiva enunciaré una lista de condiciones que diferentes actores han impuesto al proceso de negociación: el fin de la violencia, el acercamiento de presos, la legalización de Batasuna, la autodeterminación, la retirada de la Ley de Partidos, no negociar temas políticos, reconocer los errores o pedir perdón públicamente a las víctimas, determinar vencedores y vencidos, no hacerlo, etcétera. Quizás un ejemplo paradigmático de cómo esta táctica lleva a una posición *contra la negociación* sería la declaración siguiente:

> Carlos Martínez Gorriarán (portavoz de ¡Basta ya!): «La negociación, de producirse, sólo será para administrar la rendición incondicional de ETA, es decir, cuando la banda terrorista demuestre con hechos, no solamente con mensajes y declaraciones de hombres de paja, su voluntad de desaparecer sin contrapartida alguna y acogerse, en todo caso, a las medidas de reinserción individuales» (*El País*, 30/5/2005).

En mi opinión el problema que aquí se plantea no radica en el asunto de las condiciones (ya he señalado anteriormente que la imposición o el desistimiento tienen sentido en los procesos negociadores), sino en la idoneidad del uso de esta táctica de forma indiscriminada en este tipo de escenarios: si cada uno de los actores impone en la mesa todo aquello que quiere conseguir, ninguna concesión será posible durante el intercambio.

El jarro de agua fría

En el ámbito de los análisis técnicos de los procesos de negociación existe una táctica paralela que reduce, aunque no lo elimina, el riesgo de llegada a una posición *contra la negociación*; la táctica del *jarro de agua fría*. Las diferencias de esta táctica con respecto a la de *lo no negociable* son las dos siguientes: (*i*) la táctica también establece condiciones pero no en términos de límites al avance de la negociación, sino como restricciones de la agenda de lo que ha de establecerse por imposición o desistimiento, y (*ii*) requiere que los negociadores piensen también en aquello que están dispuestos a resolver mediante la realización de concesiones. La distinción puede ser presentada de forma más clara de la forma siguiente:

No negociable: «Si no se acepta el acercamiento de los presos, no podremos avanzar en otros temas».

Jarro de agua fría: «No acepto hacer concesiones en el tema del acercamiento de los presos, pero sí en referencia al reconocimiento de Batasuna como partido político».

Lo que me parece que resulta importante destacar en estos casos es la idea de que el proceso de negociación *admite restricciones en las agendas*. Esto es así porque, cuando no sabemos cómo se desarrollará el proceso, suele resultar difícil aceptar una agenda irrestricta. Ahora bien, esto no puede significar, como defendí anteriormente, la imposición o desistimiento de todos los temas. Si un actor que defiende el objetivo de resolver de forma negociada un conflicto sólo es capaz de establecer el listado de temas respecto de los cuales son necesarios la imposición o el desistimiento, probablemente deberá explicar a qué le está llamando negociación o deberá revisar su defensa de la solución negociada.

¿Qué podría replicar uno de los actores que utiliza la táctica del *jarro de agua fría* frente a lo que aquí he defendido? Creo que básicamente podría dar dos argumentos:

1. En el fondo no hay diferencia entre las dos tácticas ya que también es posible que con la táctica del *jarro de agua fría* se produzca la ruptura de la negociación. Creo que esto en parte es cierto porque, efectivamente, si todo lo que cada actor está dispuesto a poner sobre la mesa de negociación es lo que los otros han apartado de ella, obtendremos el mismo resultado que en el caso de la táctica de *lo no negociable*. Pero creo que hay un elemento que la táctica del *jarro de agua fría* aporta al intercambio: dado que ésta no imposibilita el establecimien-

to de la mesa de negociación sino que sólo limita la agenda, la explicitación de aquello que se está dispuesto a negociar favorece una explicación que haga coherente el encaje entre la táctica usada y el objetivo de la búsqueda de un acuerdo negociado.
2. La táctica de *lo no negociable* nos otorga, frente a la del *jarro de agua fría*, una mejor posición en la mesa de negociación, una validación del acuerdo frente a nuestros partidarios o una aceptación de carácter moral de aquello que pueda resultar de esa negociación. Creo que este argumento es erróneo porque cualquiera de estas tres razones se ajusta a la táctica del *jarro de agua fría*, ya que esta última también permite al interlocutor imponer ciertos temas en la mesa de negociación.

El paraíso

Algunos interlocutores han usado ciertas tácticas que al igual que en el caso de las dos anteriores pretenden restringir el proceso de negociación. Pero la característica principal de este segundo tipo de tácticas es que no están construidas desde la *amenaza* de ruptura del proceso de negociación, sino desde la *promesa* de beneficios una vez finalizado aquél.

También en este segundo tipo de tácticas el objetivo primordial es apartar del proceso ciertos temas o ajustar la agenda de la mesa de negociación. Para lograrlo el usuario hace, unas veces desde el firme convencimiento de que esto será así y otras veces desde la convicción de que una vez concluya la negociación la realización de ese escenario postacuerdo carecerá de sentido, un conjunto de promesas; acepta las imposiciones ahora porque después vendrá el paraíso.

Un ejemplo del uso de esta táctica es el siguiente:

> Manuel Fraga Iribarne. Entrevista a Europa Press: «Si se lograse efectivamente y con las condiciones apropiadas una total pacificación y entrega de las armas, se podría considerar que *después* hubiera alguna medida de gracia especial» (www.elpais.es, 14/6/2005).

Los problemas que plantea la táctica del *paraíso* son *mutatis mutandis* los mismos que la táctica de lo negociable: si cada interlocutor convierte los temas de la agenda en promesas futuras postacuerdo esto puede conducir nuevamente a una posición *contra la negociación*.

Una vez más la clave radica, en mi opinión, en el establecimiento de aquello que sí se está dispuesto a negociar con independencia de las promesas.

Divide y vencerás

En los desarrollos vinculados a los conflictos de actores colectivos, es decir, aquellos conformados por una pluralidad de actores individuales, un punto importante del análisis ha sido la cuestión de la *monoliticidad* de estos actores. Se entiende por monoliticidad el grado de cohesión que tienen los actores individuales que conforman un actor colectivo respecto del objetivo que pretenden conseguir. Por ejemplo, en un conflicto entre un conjunto de propietarios de un edificio y la constructora de éste por los desperfectos ocasionados, el grado de monoliticidad sería el nivel de acuerdo que tiene cada uno de los propietarios respecto a cuestiones como las siguientes: ¿hasta dónde están dispuestos a llegar? ¿qué tiempo están dispuestos a esperar? ¿cuál sería una solución del problema?, etcétera. Cuanto mayor sea el grado de coincidencia en los objetivos de los actores individuales, mayor será el grado de monoliticidad que se le asigne al actor colectivo.

Cuando en un proceso de negociación una de las partes es un actor colectivo, la protección y desarrollo de las relaciones internas, esto es, del grado de monoliticidad de ese actor, resulta tan importante como el intercambio con el otro interlocutor. Esto es así porque todo actor colectivo tiene altas probabilidades (por el paso del tiempo, por las tensiones, etcétera) de sufrir en una mesa de negociación un proceso de *fragmentación*, esto es, un proceso de reducción del grado de monoliticidad que concluye con la escisión de un sector del actor colectivo, que actuará en la mesa de negociación como un actor distinto. Gráficamente, este proceso sería como sigue:

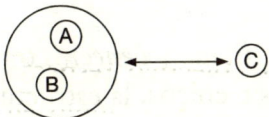

Actor colectivo en negociación bipartita

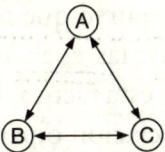

Tríada resultante de la fragmentación del actor colectivo

A veces este proceso de fragmentación se produce sin la intervención del otro actor. Normalmente esto ocurre o porque el grado de monoliticidad era de entrada bajo (los actores individuales querían lo mismo en lo tocante a los objetivos generales, pero en realidad discrepaban en lo concerniente a los objetivos individualizados) o porque el proceso de negociación ha ido modificando las expectativas de los actores individuales afectando más a unos que a otros. Pero otras veces el proceso de fragmentación es pretendido por el interlocutor; surge así la táctica denominada *divide y vencerás*. Por ejemplo, si el constructor consigue dividir al grupo de propietarios logrando acuerdos parciales con los que han disminuido sus expectativas, el remanente de la fragmentación verá debilitada su posición y habrá mayores posibilidades de que acepten acuerdos favorables al constructor.

La táctica del *divide y vencerás* transforma, hablando en términos más técnicos, la estructura del conflicto: se pasa de un conflicto entre dos partes (bipartito) a un conflicto entre tres (tríada). Este cambio supone la aparición de un nuevo recurso que no es posible en las negociaciones bipartitas: las coaliciones. Éste es el punto crucial para entender esta táctica. La única supuesta «coalición» en una negociación bipartita es el acuerdo final del conflicto. Por el contrario, en una negociación de más de dos partes las coaliciones posibles no suponen la finalización del conflicto, sino la mejora de las posiciones de los actores coaligados frente a aquel o aquellos que están fuera de la coalición: al mejorar su posición aumentan sus posibilidades de conseguir un acuerdo mejor que aquel que hubiesen obtenido sin la coalición.

Ahora bien, no siempre la fragmentación del actor colectivo implica una ventaja para el actor que la causa. Esto depende, como he dicho anteriormente, de que se produzca una coalición posible en la estructura tripartita y de que esa coalición sea favorable para los intereses del que genera la fragmentación y para la consecución de un acuerdo. Veamos dos casos donde la táctica fracasa:

a) Primer caso: contra las preferencias del que usa la táctica. A veces lo que ocurre es que la táctica de *divide y vencerás* es exitosa pero el resultado final de esa división es una tríada en la que ninguno de los actores está dispuesto a coaligarse con los otros. Volviendo al caso de la constructora, supóngase que para lograr la división del actor colectivo aquélla ha introducido la necesidad de priorizar las expectativas de lo que debe arreglarse: «yo no puedo satisfacer todas sus reclamaciones en este momento, así que negociemos qué se arreglará ahora y qué será dejado para otro momento». Esto produce una fragmentación en el actor colectivo, que se divide según sus preferencias: los de los primeros pisos prefieren arreglar primero la entrada y los de los últimos prefieren arreglar primero el ascensor. Pero el problema al que se enfrenta el constructor es que, cuando realiza el movimiento para coaligarse, cada uno de los otros actores ha reforzado sus expectativas: los dos creen que el constructor los necesita para que el actor no coaligado acepte un peor acuerdo.

b) Segundo caso: contra el acuerdo. Otras veces lo que ocurre es que la fragmentación del actor colectivo deja un actor mucho más radical dentro de la mesa de negociación. Como en el proceso de fragmentación la división se produjo entre los que estaban dispuestos a realizar *compromisos (concesiones)* y aquellos que sólo admitían la finalización del conflicto mediante *la imposición, desistimiento o conversión*, el resultado final es que en la mesa hay ahora un actor con el que resultará realmente difícil negociar y llegar a acuerdos. Para decirlo de otra manera, dado que esta táctica busca la coalición futura, la aproximación al actor colectivo se realiza hacia aquellos actores cuyas preferencias pueden amoldarse más fácilmente a las preferencias del actor que utiliza la táctica. El uso de la táctica en pos de una mejor solución según las preferencias del que ha causado la fragmentación genera la radicalización de uno de los nuevos actores y puede acabar dificultando la consecución de un acuerdo conjunto.

En resumen, a veces la utilización de la táctica de *divide y vencerás* sitúa al que la ha empleado en una situación peor de la que existía antes de la fragmentación. En el caso de la negociación del conflicto vasco un actor o interlocutor se ha mostrado, en mi opinión, especialmente proclive al uso de esta táctica: ETA. Si se observa cómo han ido evolucionando los comunicados que ha realizado, es fácil comprobar que muchas de las «concesiones»[1] efectuadas han sido acotadas a ámbitos específicos del conflicto, de manera que afecten a diferentes sectores de un supuesto actor colectivo que sería el otro interlocutor en una posible mesa de negociación. Los procesos de *concesiones sectoriales* son una manifestación clásica del uso de la táctica del *divide y vencerás*. Algunos ejemplos de este tipo de movimientos por parte de ETA son los siguientes:

— Noviembre de 1997: ETA anuncia que no atentará contra los funcionarios de prisiones.
— Noviembre de 1998: ETA anuncia una tregua de tres meses. Acaba de firmar un pacto con el PNV y EA para avanzar en el reconocimiento de la territorialidad y del derecho de autodeterminación.
— Febrero del 2004: ETA anuncia el cese de sus acciones armadas en toda Cataluña.
— Julio del 2005: ETA anuncia el fin de sus atentados contra cargos electos.
— Julio del 2005: ETA advierte de que el cese de atentados contra cargos electos no incluye a las autoridades del Estado.

En mi opinión, este juego iterado, por no decir indiscriminado, de *divide y vencerás* ha producido el segundo de los casos anteriormente señalados: la radicalización de las posiciones en los nuevos actores que surgen de la fragmentación producida por esta táctica.[2] Esta radicalización, como he señalado, no necesita ser explicada en términos de la *respuesta del despechado*; los nuevos interlocutores se radicalizan porque no han sido invitados a la coalición. Esto es más bien el resultado normal de las decisiones tomadas por el actor que quiso la fragmentación: buscar aquellos con los que será posible una coalición. De esta manera, el remanente del actor colectivo fraccionado queda mayoritariamente en manos del sector menos proclive a la negociación. Además, los actores individuales moderados que siguen perteneciendo al actor colectivo remanente deben ahora tomar posiciones más radicales para diferenciarse del nuevo actor surgido del uso de la táctica.[3]

Un ejemplo de esta situación fue el escenario posterior a la declaración de cese de acciones armadas (en el comunicado no se utiliza el término «tregua») en toda Cataluña. En aquel comunicado ETA afirmaba:

> Comunicado de ETA de febrero del 2004: «Catalunya y Euskal Herria son dos naciones con muchas similitudes y puntos en común, quisiéramos remarcar dos: son dos naciones oprimidas por los Estados español y francés, divididas territorialmente en base a fronteras artificiales impuestas por la fuerza de las armas. Esta situación de opresión ha hecho que hayan desarrollado estrechas y profundas relaciones de amistad y hermandad [...]. Se ha dado una clarificación y un empuje importante de las fuerzas independentistas y una amplia concienciación sobre la necesidad del reconocimiento del derecho de autodeterminación que

les corresponde a los pueblos oprimidos por el Estado español [...] Teniendo en cuenta todos estos elementos de análisis y con el deseo de que los lazos entre nuestros pueblos se estrechen en base a los principios de respeto, no injerencia y solidaridad, ETA comunica a Euskal Herria y al pueblo catalán la suspensión de su campaña de acciones armadas en Catalunya a partir del 1 de enero del 2004».

Este uso de la táctica del *divide y vencerás* produjo dos consecuencias: la primera, quizás buscada, la confrontación entre los diferentes sectores que conformaban el actor colectivo:

Noticia que recoge las declaraciones de José María Aznar y de Mariano Rajoy: «Nada más conocer el anuncio de tregua parcial de ETA en Cataluña, tanto el Gobierno como los máximos responsables del PP han criticado el pacto del PSOE con ERC en el Gobierno catalán y han insistido en la necesidad de poner fin a este acuerdo. Mariano Rajoy y José María Aznar han hecho la misma petición» (www.elmundo.es, 18/2/2004).

Noticia que recoge las declaraciones de José Luis Rodríguez Zapatero: «El líder socialista ha criticado también el uso electoralista que, a su juicio, ha hecho el PP de este comunicado. Zapatero ha lamentado que, "por primera vez en la historia de la democracia, un comunicado de ETA se intente utilizar electoralmente"» (www.elmundo.es, 19/2/2004).

Noticia que recoge las declaraciones de Rodríguez Ibarra: «Rodríguez Ibarra insistió en que, si él fuera Maragall, echaría del Gobierno catalán "no a uno, sino a todos" los miembros de ERC y seguiría gobernando aunque deba someterse a una moción de censura por estar en minoría» (www.elmundo.es, 18/2/2004).

Casi como una premonición las declaraciones del secretario general del PSE en Álava, Javier Rojo, apuntaban ya la táctica que aquí estoy analizando:

> «ETA trata de "dividir a los demócratas" y "no se puede consentir" que lo consiga. "En estos momentos tenemos que estar todos muy serenos para decirle a ETA que no va a conseguir sus objetivos ni en Cataluña ni en ninguna parte de España"» (www.elmundo.es, 18/2/2004).

Pero mientras este primer efecto potenciaba la posición de ETA en una posible mesa de negociación, hubo también un segundo efecto que jugaba en contra de esa pretensión: la radicalización del actor colectivo fragmentado:

> Declaraciones de José Luis Rodríguez Zapatero: «Esta mañana se ha conocido un comunicado de la banda terrorista ETA. Como todos los comunicados de la banda terrorista ETA y todas sus actuaciones me producen el máximo rechazo, la máxima indignidad» (www.elmundo.es, 19/2/2004).
> Ana María Vidal Abarca (vicepresidenta de la Fundación de Víctimas del Terrorismo): «"los catalanes deben

sentirse muy avergonzados" y destacó que no es aceptable que "por medio de Carod-Rovira resulte que en Cataluña no se mata y que vaya a hacerse a cinco kilómetros. Es algo verdaderamente vergonzoso"» (www.elmundo.es, 18/2/2004).

La táctica de *divide y vencerás* trajo consigo la radicalización incluso de aquellos que asumían posturas proclives o no opuestas frontalmente a una negociación dentro del actor colectivo fragmentado:

> Noticia de las declaraciones de Juan José Ibarretxe: «El lehendakari Juan José Ibarretxe aseguró que "desde el punto de vista político es nauseabundo y desde el punto de vista ético es inmoral"» (www.plus.es, 19/2/2004).

A diferencia de las tácticas del *jarro de agua fría* y de lo *no negociable*, en el caso del uso del *divide y vencerás* por parte de ETA el problema no es la existencia de una táctica alternativa, sino el mal uso de ésta. Si ETA pretende propiciar un proceso de solución que pase por una mesa de negociación y necesita mejorar su posición en esa futura mesa logrando coaliciones, el uso de esta táctica requiere que el actor remanente no tenga el poder para bloquear el proceso: buscar coaliciones sólo tiene sentido si con ello se mejora la posición en la mesa de negociación.

La mala fama

Una discusión clásica en materia de negociación ha sido la identificación de los requisitos que ha de cumplir un acuerdo para que pueda ser considerado «el mejor posible» o, simplemente, «un buen acuerdo para ese conflicto». En general, el debate se ha planteado entre dos propuestas extremas: algunos investigadores, especialmente los relacionados con modelos matemáticos, han desarrollado fórmulas encaminadas a definir a partir de parámetros objetivos cuál sería ese mejor acuerdo. Otros han defendido una idea «particularista» de la solución de conflictos según la cual cada conflicto es un mundo y, por tanto, la mejor solución de un conflicto nada nos puede decir acerca de cuál es la solución de otro conflicto que nos parece similar.

En la práctica, parece que los negociadores ponen en sus posiciones, ofertas o expectativas una gran cantidad de elementos que muchas veces sobrepasan el valor específico del acuerdo según los parámetros que generalmente podrían ser aceptados. Por ejemplo, muy recientemente se ha empezado a trabajar sobre un fenómeno común entre los negociadores que ha recibido el nombre de *síndrome de la dote*. De acuerdo con él, existe una diferencia sustancial entre el caso en que una persona está negociando la venta del piso del que es propietario y aquel otro en el que dos personas negocian la compraventa del piso de un tercero. Y esto aun cuando el piso en cuestión tenga exactamente el mismo valor de mercado, las mismas condiciones de venta, suponga los mismos costes para ambos vendedores o compradores, etcétera. Parece que la posesión del objeto de negociación es un elemento que hace subir el precio de venta.

En esta situación en la que cada uno hace uso de consideraciones diversas para evaluar el acuerdo aparece la táctica de la «mala fama». El objetivo principal del usuario de esta táctica es evitar que el otro negociador o los otros negociadores hagan algo (aceptar un acuerdo, mantener una posición, establecer un límite, avanzar en una negociación) en razón de la mala fama, el desprestigio, la reducción de la popularidad o el juicio negativo de ciertas personas que obtendrán con ello. Un ejemplo sencillo sería el caso en el que en la negociación por el impago de una hipoteca el negociador le dice al representante del banco: «¿Quiere usted que a este banco se le conozca como el banco que ejecuta las hipotecas de las viudas?».

En esta táctica el uso de la carga emotiva del lenguaje juega un papel fundamental: cuanto mayor sea el contenido emotivo puesto en juego mayor será la fuerza de la táctica de la *mala fama*.

Técnicamente, el objetivo principal de la *mala fama* es cambiar la estructura de los parámetros que permiten valorar un acuerdo. Se trata de lograr la inclusión de nuevos aspectos que al ser tenidos en cuenta favorecen al usuario de la táctica. Para que esto surta efecto y no se convierta en un simple alegato emotivo es necesario que concurran ciertas características en el negociador o institución objeto de la táctica. Entre éstas cabe destacar las siguientes: *i*) éste debe tener unos objetivos genéricos determinados en el marco de su quehacer profesional (Los bancos están para ganar dinero, así que el problema no es ejecutar la hipoteca; sería extraño que alguien dijese: «¿Quiere usted que se le conozca como el banco que ejecuta las hipotecas no pagadas?».); *ii*) la consideración de que ciertas acciones contradicen o van en desmedro del papel asignado al negociador objeto de la táctica (Aunque ése sea el objetivo de los bancos, lo que diferencia a uno de otros es la confiabilidad y el prestigio respecto de su disponibilidad a sacrificar ese objetivo en casos difíciles; sería curioso que alguien le dijese a un enterrador: «¿Quiere usted ser conocido como la persona que ha enterrado a todos los niños del pueblo?».), y *iii*) la posibilidad de que el negociador objeto de la táctica acepte una propuesta de pérdida en el acuerdo concreto que pueda ser recuperada en el cómputo total de su actividad o que sea inferior a la pérdida que sufriría si sufriese un detrimento en su prestigio (No se trata de que el banco acepte como pérdida algo que es más gravoso que la pérdida de prestigio.)

Sin embargo, no hay que confundir, aunque a veces externamente se parecen, la posición *contra la negociación* y el uso de esta táctica. Una cosa es que alguien no esté dispuesto a sentarse a negociar un asunto porque considera el hecho inadmisible y lo plantee en términos similares a la táctica de la *mala fama*: «¿Quiere usted ser visto por la sociedad como aquel que negoció con un grupo de asesinos?», donde el emisor considera que «negociar con ETA» es inmoral. Y otra cosa distinta es buscar que el otro ceda en un acuerdo, posición o expectativa en particular teniendo en cuenta el daño que supondría para su fama o prestigio.

En el caso del conflicto con ETA la identificación de los usuarios de esta táctica no siempre es sencilla ya que, aunque hay mucho de discurso emotivo en el intercambio verbal, en ocasiones puede resultar complicado distinguir aquellos que lo usan para reforzar su posición *contra la negociación* de aquellos que utilizan la táctica a fin de mejorar su posición en un intercambio futuro. Sin embargo, muchos discursos se asemejan considerablemente a esta táctica:

> Declaraciones del secretario general del PP, Ángel Acebes: «El secretario general del PP, Ángel Acebes, advirtió al presidente del Gobierno, José Luis Rodríguez Zapatero, de que "no se le va a perdonar" la "claudicación" ante ETA» (www.noticias.ya.com, 7/2/2006).
>
> Declaraciones de José Luis Rodríguez Zapatero (presidente del Gobierno): «[...] denunció que el PP ha "quebrado esa línea" y, tras asegurar que "no es bueno" para la democracia, el Estado de derecho y la lucha contra el te-

rrorismo, auguró que "va a ser muy malo para ustedes"»
(www.elmundo.es, 22/2/2006).

Declaraciones de Eduardo Zaplana (portavoz del Partido Popular en el Congreso): «Es la primera vez que un presidente del Gobierno ha tenido que salir para decir a los españoles, de manera solemne, que él también está contra el terrorismo y, por lo tanto, justificar su actitud y las muchas dudas que en estos momentos existen en una gran mayoría de los ciudadanos sobre los comportamientos que en materia de lucha antiterrorista está teniendo el presidente del Gobierno» (www.elpais.es. 13/2/2006).

Declaraciones de José Blanco (secretario de Organización y Coordinación del PSOE): «[...] indicó que la estrategia de oposición del PP basada en la "confrontación de media España con la otra media no es sólo un grave error táctico sino un paso en falso en términos históricos. Así no recuperarán el Gobierno y, además, corren el riesgo de desandar buena parte del camino que ha recorrido la derecha española desde la Transición hasta nuestro días [...] mientras los dirigentes del PP sigan confundiendo su mundo con el mundo y la España de hoy con el barrio de Salamanca, les veremos haciendo una oposición excéntrica"» (Diario *Noticias* de Álava, 23/7/2005).

La vorágine de declaraciones que en relación con el tema de ETA vinculan el prestigio, la fama o el reconocimiento de la ciudadanía con los movimientos que se deben realizar en el proceso de negociación son múltiples y variadas. En mi opinión, esto se debe fundamentalmente a que en una negociación de estas características los papeles de los actores o interlocutores son difusos (se incumple la primera condición de aplicación de la táctica). Basta, para darse cuenta de ello, con preguntarse: ¿cuál es el papel que debería desempeñar un Gobierno en este tipo de escenarios?, ¿y la oposición?, ¿son actores las víctimas?, ¿lo son los terroristas?, etcétera. Resulta fácil comprender que las respuestas a estos interrogantes, a diferencia de las de los casos de un banco, una empresa o un trabajador, son mucho más complejas. Consecuentemente, la segunda y tercera condición se ven también afectadas: ¿contradice el papel de un Gobierno el sentarse a negociar con los etarras?, ¿contradice el papel de la oposición no apoyar al Gobierno en la cuestión del terrorismo?, ¿contradicen las expectativas del resto de la ciudadanía las voces, siempre especialmente respetables, de las víctimas, que son minoría? Creo que la respuesta a cualquiera de estos interrogantes resulta tan relativa que siempre es posible reconstruir las acciones de alguno de los interlocutores en términos de la *mala fama*.

Por si esto fuera poco, esta situación produce un segundo efecto aún más grave: la posibilidad de la réplica con el mismo expediente. La táctica de la *mala fama* pierde eficacia cuando el usuario puede a su vez ser objeto de ella en virtud del mismo movimiento que pretende que el otro realice. Por ejemplo, si uno de los interlocutores asevera que la negociación con una banda terrorista es una rendición que la ciudadanía no perdonará, el otro puede responder que no aprovechar la oportunidad de negociar sería una irresponsabilidad que la ciudadanía no perdonaría. Y así sucesivamente.

El uso indiscriminado de este recurso desvía la atención de la viabilidad y de las condiciones de los acuerdos negociados; si todos utilizan la táctica para desincentivar las posiciones o propuestas de otros actores, resultará realmente difícil centrar el debate en los términos y propiedades de un acuerdo. Con lo que, una vez más, si el objetivo fuese conseguir el avance en la solución negociada, esta táctica en este escenario iría en contra de ello.

El frente ruso

El nombre de esta táctica tiene su origen en la Segunda Guerra Mundial. Cuando les preguntaban a los soldados alemanes a qué frente preferían ir a luchar, contestaban que a cualquiera menos al frente ruso. La idea entonces es que una alternativa mala, costosa o difícil, comparada con una alternativa peor, puede ser considerada aceptable. El usuario de esta táctica reconstruirá un par de alternativas en términos excluyentes (se ha de elegir entre una opción y la otra) y exhaustivos (no hay ninguna otra alternativa posible), de forma tal que el otro negociador crea que no existe margen de maniobra en el conjunto de alternativas.

124

El objetivo final es lograr que el interlocutor acepte lo inevitable de la situación y admita la alternativa costosa para escapar de la alternativa peor. Por ejemplo, un empresario necesita que uno de sus trabajadores se desplace a trabajar a una nueva fábrica que está a 10 km del lugar en el que ha estado trabajando hasta ahora. Como sospecha que la respuesta a su propuesta será negativa o que las expectativas del trabajador ante la necesidad del empresario pueden aumentar, construye una proposición en los siguientes términos: «Puedes elegir entre ir a la nueva fábrica o viajar todos los días a Francia para el nuevo proyecto».

Esta táctica, al igual que en el caso de la *mala fama*, suele venir acompañada, para reforzar el efecto, del uso emotivo del lenguaje; como el usuario necesita que su interlocutor no ponga en duda la rigidez de la presentación de alternativas, cuanto más agresiva resulte la comparación más fácil será que el otro acepte la propuesta.

Los debates directa e indirectamente relacionados con la solución del conflicto terrorista están plagados de este tipo de discursos de pares excluyentes: «vencedores o vencidos», «mendigar o pelear», «rendirse o luchar», «conceder o derrotar», «luchar o claudicar». Y parece que prácticamente nadie ha resistido la tentación de lograr que su posición se vea favorecida por la comparación. Algunos ejemplos de este tipo de discurso en el escenario del conflicto vasco son las siguientes declaraciones:

Declaraciones de María San Gil (presidenta del PP vasco): «No creemos que con ETA haya nada que *negociar*. A ETA hay que *combatirla* con todos los instrumentos del Estado de derecho y *derrotarla*» (*El País*, 27/11/2005).

Discurso del presidente del PP Mariano Rajoy en el debate del estado de la Nación: «El Pacto [el pacto antiterrorista] *rechaza cualquier precio por la Paz*. Yo estoy de acuerdo. Usted, por el contrario está dispuesto a que *paguemos un precio por lo que nos han robado* y alentemos a otros a seguir cultivando el mismo negocio sanguinario» (www.elmundo.es, 13/5/2005).

La táctica del *frente ruso* no sólo puede ser aplicada a las alternativas posibles en un proceso de negociación, sino también a los actores o interlocutores que pueden llegar a constituir dicho proceso:

Noticias sobre las declaraciones de José Blanco en referencia a la propuesta de resolución del PSOE: «El texto presentado por el PSOE que pretende recabar la unanimidad de los grupos en el Congreso desglosa los antecedentes de la lucha contra la banda terrorista ETA y la necesidad de negociar [...]. Ante este panorama, el secretario de Organización del PSOE, José Blanco, dijo este lunes que el PP deberá optar "*entre la soledad y la unidad democrática*" cuando el Congreso de los Diputados debata el martes la propuesta de resolución» (www.libertaddigital.com, 16/5/2005).

Ahora bien, esta táctica plantea dos problemas importantes para el proceso de negociación. Por un lado, reconduce el proceso a situaciones de *Todo o Nada* o de *Sí o No*. Estas situaciones son complicadas porque fundamentalmente sitúan al otro negociador en una posición en la que *lo más sencillo* es contestar «Nada» o directamente «No». De esta manera, la estabilidad de la mesa de negociación comienza a debilitarse.

Pero, quizás, el mayor problema que veo en este tipo de táctica es el que resulta de su éxito. El *frente ruso* pone en cuestión la viabilidad del acuerdo conseguido. La razón principal de ello es que esta táctica tiende a producir acuerdos que no son *Óptimo de Pareto*. Veamos esto con detalle.

Un acuerdo es Óptimo de Pareto cuando recoge y resuelve todos los elementos que constituyen el conflicto. La noción de Óptimo paretiano se ha aplicado normalmente en el ámbito de las negociaciones cuyos objetos son cuantificables. De esta manera se dice que un acuerdo *no* es Óptimo de Pareto si no reparte todo lo que está encima de la mesa de negociación. Por ejemplo, si estamos negociando la distribución de beneficios de una empresa un acuerdo no será Óptimo de Pareto si distribuye menos del total de dichos beneficios.

Ahora bien, en mi opinión la idea de Óptimo de Pareto también puede ser aplicada en un sentido más amplio. Supongamos que en el tema de la distribución de beneficios, y en virtud de las discusiones que se han planteado, los negociadores deciden contratar a un especialista que les indique efectivamente cuál es el monto total de los beneficios generados. Una vez dilucidado dicho monto las partes llegan a un acuerdo respecto de cómo ha de ser repartido. Pero, en el momento en el que ya han acordado la distribución, el especialista les pregunta: «¿Quién pagará mis honorarios?». Esta pregunta mostraría que el acuerdo conseguido no es Óptimo de Pareto, ya que hay al menos un elemento del conflicto que no ha sido incluido en el acuerdo.

Los principales inconvenientes que plantean los acuerdos que no son Óptimo de Pareto son dos: el primero, que el actor o actores que se sienten perjudicados por la omisión de un asunto pretendan reflotar la mesa de negociación para que el acuerdo lo incluya. Y el segundo, que, en general, cada actor intentará que los costos, en sentido amplio, derivados de la inclusión del nuevo punto no le sean atribuidos o que no reduzcan los beneficios obtenidos con el acuerdo. Esto dificulta seriamente el llegar a un pacto sobre el nuevo tema y consecuentemente puede llevar al fracaso de lo que ya se había conseguido.

La táctica del *frente ruso* aumenta las posibilidades de que los acuerdos que se obtengan no sean Óptimo de Pareto. Como el actor que usa la táctica necesita que las alternativas de solución sean extremas, cualquier propuesta intermedia es ignorada. Pero en la negociación las propuestas intermedias surgen generalmente de la inclusión de elementos nuevos en la alternativa. Por ejemplo, si la cuestión es que el trabajador difícilmente aceptará ir a la nueva fábrica porque está lejos, una posibilidad es avanzar en aquello que le mueve al rechazo: es una cuestión económica, es una cuestión de tiempo, es una cuestión vinculada a la familia, es un problema de comodidad, etcétera. Cada nuevo elemento que se incluye permite buscar alternativas que no son las que están en los extremos. Pero la táctica del *frente ruso* necesita obviar todos estos elementos.

Cuando transcurrido el tiempo el actor que ha sido sometido al *frente ruso* reflexione sobre lo que ocurrió llegará a la conclusión de que había más posibilidades que las que se plantearon en la mesa y de que el acuerdo al que se llegó no las tomó en consideración.

Esta posibilidad en el caso del conflicto vasco sería, en mi opinión, realmente nefasta: la necesidad de reflotar la mesa de negociación pasaría, casi me atrevo a predecir, muy probablemente por volver a una situación previa a la de la mesa de negociación.

Notas

1. Técnicamente se denomina «concesión» a cualquier movimiento a la baja en relación con una posición, oferta o propuesta que esté sobre la mesa de negociación. En este sentido, y aunque reconozco que la terminología puede re-

sultar *dura* o incluso *agresiva* en esta clase de asuntos, si en un caso de toma de rehenes un secuestrador decide no matar a uno de ellos y dejarlo libre, está efectuando una concesión. De la misma manera, la decisión de ETA de no matar a ciertos rehenes, o algunos o todos, es una concesión con respecto a su posición inicial. Cosa distinta es cómo evaluemos moralmente esta circunstancia o si técnicamente es una concesión suficiente. Pero no es éste el objeto de mi análisis en este trabajo.

2. Hay también un segundo problema sobre el que no me detendré aquí: la credibilidad de cada nueva tregua.

3. A veces este tipo de situaciones produce un efecto paralelo: la escalada del conflicto. Este efecto a su vez genera una serie de cambios dentro del proceso que pueden dificultar su éxito. Para un análisis pormenorizado de este y otros efectos producidos en la escalada de la intensidad, véase L. Kriesberg (1975), *Sociología de los conflictos sociales*, Trillas, México.

5

Conclusiones finales

En este libro he presentado una propuesta conceptual que permita aclarar la diferencia que existe entre dos procesos de resolución de conflictos: el diálogo y la negociación. Mi propósito ha sido realizar esta propuesta bajo dos condiciones: *a)* no efectuar una valoración moral de este proceso de resolución de conflictos y *b)* no tomar partido por una de esas metodologías.

He intentado mostrar que, en mi opinión, una parte importante del prejuicio contra la negociación proviene de la indistinción entre los diferentes elementos que conforman un proceso de resolución y las relaciones que median entre ellos. Creo que sólo en el marco de una propuesta conceptual como la que aquí he intentado desarrollar pueden considerarse racionalmente las ventajas y desventajas que aportan cada uno de estos métodos.

Finalmente, he intentado señalar algunos riesgos importantes que se pueden correr cuando se procede a iniciar un proceso de la magnitud del proceso de paz en el País Vasco sin un análisis previo de las características de cada método. En mi opinión, el principal problema al que se enfrentan en estos momentos aquellos que participarán en el proceso es la falta de una reflexión acerca de los compromisos que implican los métodos seleccionados y la disparidad de metodologías que parece confluir en este proceso de resolución de conflictos. Sería paradójico y exasperante que la intención de buscar soluciones y la posibilidad de encontrarlas se diluyan en situaciones donde lo que separa a los participantes es la confusión en la metodología que se ha de emplear.